미래를 여는 교육

4차 산업혁명 시대의 인재만들기

미래를 여는 교육

박하식 임호순 공저

글로세움

MSMP는 미래교육이 갈 길

고등학교에 갓 입학한 학생들이 66일간이나 운동선수처럼 한 곳에서 먹고 자고 생활한다는 이야기를 처음 들었을 때 이것은 '공포의 외인구단'에 나오는 황당한 만화같은 이야기라고 생각했다. 그런데 실제로 이것을 실행한 학교가 있었고 엄청난 '변화'를 실감했다니 놀라운 일이다.

요사이 우리 교육현장에 직업인으로서 '교사'는 있지만 과거와 같은 소명의식이 있는 참된 의미의 '선생님'은 찾아보기 힘들다는 이야기를 하곤 한다. 그런데 충남삼성고에서는 아이들을 바르게 교육하겠다는 열정을 가지고 헌신하는 선생님들이 모여 이같은 기적을 만들어냈다니 다음 세대 교육에 귀감이 될 만한 일이다.

가르치는 선생님과 학생들 사이의 신뢰가 무너지고 사제 간 훈훈한 정을 찾아 볼 수 없는 각박한 시대에 영화에서나 나올 법한 교육방법이나 선생님 그리고 이를 100% 믿고 따르는 학생들이 존재한다는 것은 충남삼성고가 만들고 싶어한 교육의 참모습이 아닌가 한다.

삼무 즉 사교육이 없는 학교, 학교폭력이 없는 학교, 그리고 교사들의 잔무가 없는 학교. 대한민국 어느 학교에서도 이루지 못한 목표를 세우고 실제로 실천하고 있다. 또한 충남삼성고는 우리나라 모든 학교 평판의 표준이 되는 'SKY' 대학의 합격자 수에 연연하지 않고 오로지 재학 중에는 다양한 꿈을 키울 수 있도록 돕고, 졸업해서는 이 사회의 중요한 일원이 되는 것을 목표로 정했다니 실로 놀라지 않을 수 없다.

이제 개교한지 5년 밖에 되지 않은 신생 학교가 선망의 대상이자 건전한 롤모델이 되고 있으니 미래교육을 선도하기를 바란다.

_ 김경성/서울교육대학교 총장

삼성이 설립하고 운영해온 충남삼성고가 자사고에 대한 부정적 시각을 떨쳐내고 한국교육의 새로운 희망이 되고 있다. 이 책은 우리 교육의 미래를 그리는 사람들에게 새로운 영감을 제공한다. 한국 교육계에 몸담고 있는 모든 이에게 필독을 권한다. 물론 참된 교육에 목말라 하는 학부모도 이 책을 읽는 시간이 절대 아깝지 않을 것이다.

_ 김흥주/전 한국교육개발원 기획처장, 현 세명대학교 교수

이 책은 충남삼성고의 비전과 목표, 교육 내용과 방법, 특색 교육 등을 다루고 있다. 학교 설립자와 운영자의 '협업'이 학교 교육에 얼마나 필요한지를 여실히 드러내 주고 있다. 일반적인 생각과 달리 선발 효과보다는 학교 교육의 힘으로 학생들의 성장을 이끌고 있다는 점에서 미래 한국 고등학교의 모델이라고 하겠다. 교육다운 교육과 학교 경영을 꿈꾸는 교장과 교사들에게 이 책을 꼭 읽어 볼 것을 권한다.

_ 김도기/한국교원대학교 교수

이 책에는 창의력과 통섭력, 협동과 소통력, 자율 능력을 갖추고 지성과 덕성, 예술적 감수성과 건강한 체력을 고루 겸비한 품격 있는 인재를 육성하려는 고뇌와 실천적 노력이 담겨있다. 또한 깨닫는 기쁨과 가르치는 즐거움, 사랑과 존경, 우정이 가득한 명품학교로 발전하는 모든 교육과정을 상세하게 보여주고 있다. 충남삼성고가 이 시대 대한민국 교육의 새로운 방향을 제시하고 있다.

_ 민병관/서울 동작관악교육지원청 교육장, 전국교육장협의회 회장

이 책은 미래 한국 고등학교 교육이 어떠해야 하는지를 인상 깊게 보여준다. 대학입학만이 최고의 목표가 되고 있는 현 세태와 달리 충남삼성고는 교육다운 교육을 실천하고 '학생 선택 진로 집중 교육과정'을 가장 모범적으로 운영하는 학교다. 탐구식으로 배우는 일반 교과과정, 졸업논문, 80시간의 봉사활동, 철학·미술·디자인 과목을 필수로 이수해야 하는 이 학교의 교육과정은 IB에 견주어 손색이 없다. 한국의 모든 고등학교도 이렇게 될 수 있기를 고대한다.

_ 이찬승/교육을바꾸는사람들 대표

청소년기는 인생을 살아가는데 사회인으로서 가장 중요한 품성을 갖추는 시기다. 이 중요한 시기에 올바른 가치관을 정립할 수 있는 교육을 하는 학교는 흔치 않다. 충남삼성고는 설립 이념 속에 이를 담고 구성원이 힘을 합쳐 꾸준히 실천함으로써 짧은 시간에 모두가 주목하

는 모델 학교로 우뚝 섰다. 감탄과 함께 힘찬 응원을 보낸다.

_ 정영우/용인한국외대부고 교장

The CNSA school visits were very inspiring. My biggest take away from the CNSA was the 66 days freshmen orientation. I would like to model the foot washing exercise. To me this not only indicates the great job the principal and his team are doing, but the team's commitment to the values and love for the students.

_ Dr. Robert Pritchard
/South Orangetown Central District, New York

매년 미국 학교 행정가들과 한국을 방문하여 발전된 한국사회를 소개하고 한국의 깊은 역사와 문화를 이해하는 프로그램을 진행해왔다. 특히 미국 교육자들과 충남삼성고에 방문하여 한국 교육의 현장을 보게 되었고 이루 말할 수 없는 감격과 자부심을 느꼈다. 미국 교육현장에서도 눈여겨 보아야 할 미래교육을 실천하고 있다고 할 것이다.

_ 김경화
Joining East & West as Educational Liaisons
(전)뉴저지 노우드학군 교육위원

교사로 출발하여 학교 경영자가 되는 동안 학교의 개교 과정에 참여하는 기회를 얻는다는 것은 큰 행운이다. 교육 현장에 몸담고 있다 보면 이런 것은 정말 고쳤으면 좋겠는데, 저런 것은 없앴으면 좋겠는데 하는 생각이 들 때가 많다.

그러나 기존의 시설, 기존의 인적 구성 요소, 기존의 관행들 때문에 엄두를 내기 어렵고, 나 혼자만의 힘으로 이루어지는 것도 아니기 때문에 그 개선이나 개혁의 마음은 늘 생각의 창고에 쌓아 두기만 할 뿐이었다.

그런 숱한 생각은 끝내 빛을 보지 못하고 묻혀버리기 쉬운데 개교 과정에 참여할 수 있었던 것은 그간 쌓아온 교육에 관한 생각을 세상 밖으로 내보낼 수 있는 더 없는 기회이자 행운이었다.

2014년 3월 개교 예정인 충남삼성고 개교 추진단의 단장으로서 2013년 4월초부터 개교 준비에 참여하였다. 이미 2011년 학교 설립을 위한 법인이 구성되었고, 법인에서는 TF팀을 구성하여 상당 수준 개교 준비를 해 놓은 상태였다. 당시 세계 초일류 기업을 이끌고 계셨던 삼성전자의 권오현 부회장님과 삼성 임원진들, 당시 서울교육대학 송광용 명예 총장님을 비롯한 우리나라 최고의 교육전문가들로 학교 법인의 이사회가 구성되어 있었다.

나는 개교 준비를 위해 선발된 선생님들과 그 바탕 위에 교육 목표, 교육 방법을 채워 가면 되는 것이었다. 개교를 함께 준비했던 개교 추진단 구성원들과의 첫 미팅에서 이런 말을 했다.

"교육에도 상상력이 필요합니다. 제대로 하는 교육, 학교다운 학교에 대해 한 번 마음껏 상상해 봅시다. 상상한 것을 현실로 만드는 데 장애가 있더라도 그것 때문에 포기하지 말고 이를 극복하려 노력합시다. 안 되는 이유가 아니라 되는 이유와 방법을 찾아봅시다. 지금부터 우리가 할 일은 학교 교육에 대해 마음껏 상상하는 것입니다."

상상력을 자극하기 위해 우리는 국내외 많은 문헌을 찾아 함께 공부했고, 새로운 교육의 길을 열고자 노력하고 있는 여러 학교 경영자와 교사들의 고견을 듣고자 전국을 돌아다녔다.

우리 개교 추진단원들은 우리가 원하고 학교 설립 목적에 부합하는 교육내용이 무엇인지에 대해 끊임없이 브레인스토밍하고 논의하면서 학교의 틀을 만들어갔다.

우리가 가장 많은 토론을 거치고 고심한 사항은 단연 교육목표의 설정과 교육과정 편성에 관한 철학이었다.

'우리가 교육하게 될 고등학생은 어떤 존재이고 어떤 모습과 역량을 갖춘 존재로 키워내야 할 것인가?'

'우리는 그들의 고등학교 시절을 인생에서 어떤 모습으로 기억하게 만들어야 하는가?'

여기서 우리가 내린 결론은 고등학교 3년은 어른이 되기 직전의 시기로 가장 아름답고, 가장 의미 있고, 가장 행복하게 살 수 있도록 존중받아야 하며, 성인의 세계로 들어 갈 단순한 준비의 시기가 아니라 지금보다 나은 세상을 새롭게 만들어 갈 준비를 하는 시기로 만들어주어야겠다는 다짐을 하게 되었다. 이는 지난 수많은 시간 동안 고민하고 성찰한 개교추진단의 학생관에 대한 철학이자 고민의 완성이었다.

이러한 철학과 신념은 지금까지 세상에 없었던 '새로운 학교'를 꿈꾸게 만들었고, 어느 정도 자신과 확신도 생겼다. 자율自律, 창의創意, 품격品格의 교훈 속에 학생들이 자율적이지 않으면 안 되는 학교생활을 조성하고, 자신만의 생각과 주장을 드러낼 수 있는 창의적 시간과 공간을 확보하며, 미래 글로벌 인재가 갖추어야 할 매너와 에티켓을 갖춘 품격 높은 학생을 육성하기로 교육의 방향을 정했다.

이를 바탕으로 우리는 학생상에 걸맞은 교육과정을 개발했다. 자신의 꿈을 성취하는 과정에서 고등학교와 대학 생활 그리고 직업 세계로 자연스럽게 연계할 수 있는 바람직하면서도 효율적이고 실효성 있는 교육프로그램이 되도록 지혜를 모았다.

학생들이 먼저 꿈을 꾸고, 그 꿈을 바탕으로 진로를 설계하고, 그 진로에 맞도록 스스로 교육과정을 만들어가는 방식을 찾기 위한 연구와 토론을 진행했다. 그 결실이 바로 '학생 선택 진로별 교육과정'이며 꿈이라는 과녁에 명중하도록 안내한다고 하여 타겟 커리큘럼이라 명했다. 자신의 꿈을 이룰 업業과 대학의 전공과목을 연계할 수 있도록 다양한 전공 분야를 8개로 대분류하여 8개의 로드맵을 만들어 제시하는 교육과정을 개발 완료한 것이다.

학교가 좋은 교육을 준비를 하는 것과 마찬가지로 학생들 역시 좋은 교육을 받을 준비와 훈련이 필요하다는 관점에서, 지금은 우리 학교의 트레이드마크가 된 MSMP Miracle of Sixty six day Melting Pot 를 개발하게 되었다. MSMP는 자신의 성장에 방해가 되는 환경으로부터 벗어나 고교 생활을 성공적으로 수행하기 위해 꼭 필요한 좋은 습관을 갖추게 하는 66일간의 신입생 교육 초기 적응화 프로그램이다.

이런 과정을 통해 충남삼성고는 2014년 3월 1일 첫 문을 열게 되었고, 이제 개교 후 만 5년을 지나 세 번째 졸업생을 배출하였다.

교육적 상상력을 동원하긴 했지만 학교의 기본을 잘 지키려고 노력해 온 결과, 학교를 구성하고 있는 교육 주체들 모두가 만족스러운 학교로 자리 잡아가기 시작했다.

교육과정이 빛을 발하게 되면서 전국적으로 많은 분들이 우리 학교에 대한 관심을 갖고 방문하셨다. 이를 통해 우리 학교의 모습을 보다 널리 공개함으로써 우리나라 학교 발전에 조금이나마 도움이 되도록 하고, 많은 교육전문가들로부터 다양한 비판과 조언의 소리를 들을 수 있는 기회가 되었다.

더불어 지난 5년 간 진행해온 우리 학교의 모습을 현재 자녀를 학교에 맡기고 계신 학부모님과 앞으로 학부모님이 되실 모든 분들이 학교 선택과 자녀교육에 참고가 될 수 있기를 희망하며 법인의 임호순 상임이사님과 함께 이 책을 출간하기로 결정하였다.

이 책에 들어있는 모든 교육활동의 주인공은 저자뿐만 아니라 우리 학교의 모든 선생님들과 학생, 교육가족들이다. 아울러 개교 때부터 학교에 대한 지원을 아끼지 않은 법인의 이사님, 법인사무국 직원들의 마음과 정성이 담겨있는 책이기도 하다.

이 책이 모쪼록 학교다운 학교를 만들어가는 모든 이들에게 더 멋진 학교 교육을 상상하게 만드는 계기가 되기를 바란다.

목차

프롤로그/박하식 • 008

1장
교육 불모지에
뿌리 내리다

01 포도마을 탕정에 교육의 희망을 심다   019

02 명문고 프로젝트도 귀족학교도 아니다   025

03 몸집만 큰 아이인가 예비 성인인가   030

04 대학을 넘어 학교다운 학교로   037

05 공부가 아니라 미래를 가르치다   043

06 3강 3무의 학교를 만들다   048

07 GAT와 TED 교직원 회의문화를 바꾸다   055

2장
66일 기적의 용광로에 열정을 태우다

01 교육 청정지역에서 배움을 시작하다   063

02 MSMP는 왜 66일인가   069

     네가 자랑스럽다 / 교사가 지켜 본 66일의 대장정 : 교사 김지민   075

03 나쁜 습관은 버리고 좋은 습관으로   077

     버리니 얻는 게 더 많아요 / 66일 동안 좋은 습관들이기 : 임효진   083

04 기숙사 생활로 자기주도적 삶을 산다   086

     인재관에서 미래 인재로 / 기숙사 생활에서 얻은 것 : 남예원   094

05 MSMP의 출발, 큰 아이와 작별하다   096

06 세족식으로 완성하다   103

     내 가슴에 너를 안다 / 세족식의 의미 : 교사 이창훈   109

     평생 잊지못할 뭉클한 감동 / 세족식의 의미 : 강민채   111

3장
체력을 바탕으로 예술의 혼을 심다

01 운동화 신은 뇌   115

     체육활동도 학교문화다 / FB 리그전의 의미 : 교사 이설   122

02 몸과 마음을 깨우는 모닝스파크   124

페어플레이 정신을 깨닫다 / FB 리그로 얻은 모든 것 : 조아현   131

03 무도정신으로 투지와 도를 배운다   133

04 삶과 생각을 디자인하다   139

내 꿈을 디자인한다 / 이런 것에도 관심 있다 : 장지훈   147

05 영화를 듣고 음악을 보다   148

4장
세상이 필요로 하는 인재를 만든다

01 세계에서 인사를 가장 잘 하는 학교   157

02 솔선수범, 습관 형성의 지름길   161

03 학생의 이름을 불러주는 선생님   167

너의 이름을 부르다 / 이름을 기억하는 일 : 교사 이언지   171

나는 꽃이 되었다 / 학생 이름 불러주기 : 이상은 홍민우 오유진   174

04 배워서 남주자 80시간의 봉사   176

05 품격은 자율과 창의에서   182

5장
4차 산업혁명 시대를 준비한다

01 자기주도 학습에 의한 명품 수업 — 191

02 사교육이 필요 없는 학교 — 196

　　불안했지만 학교를 믿었다 / 사교육을 다시 생각하다 : 졸업생 학부모 — 203

03 내가 만드는 내 시간표 — 205

　　자기주도 학습으로 시간 활용 / 부족한 공부 이렇게 해결하다 : 강정현 — 210

04 가르치는 것은 적게 배우는 것은 많게 — 212

05 4차 산업혁명 시대 1인 1능으로 준비 — 218

6장
꿈을 찾아 내 삶을 설계한다

01 1업 5행으로 글로벌 인재 육성 — 229

　　고통을 덜고 희망을 주는 사람 / 이런 일을 하며 살고 싶어요 : 황수빈 — 235

02 진학지도를 품은 진로 교육 — 237

03 위인 위인 We in 偉人 페스티벌 — 243

　　내 꿈은 PD / 1인 1위인 나의 롤모델 : 박민석 — 248

04 진로의 고속도로 과정별 디플로마 — 250

05 17시간 진로 직업 체험 — 255

에필로그/임호순 • 262

1장

교육 불모지에
뿌리 내리다

01

포도마을 탕정에
교육의 희망을 심다

2000년대 초반까지만 해도 아산시 탕정면은 포도 생산지로 유명한 전형적인 농촌 마을이었다. 이 일대에 삼성 사업장이 들어서면서 그야말로 '상전벽해'가 일어났다. 삼성그룹이 2003년부터 무려 30조 원을 투자해 대규모 디스플레이 산업단지를 조성하면서 일순간 '기업도시'로 환골탈태한 것이다.

천안시와 아산시에는 삼성전자와 삼성디스플레이 등 4개 계열사들이 운집해 있다. 여기에 근무하고 있는 삼성인은 대략 3만 6천여 명, 협력업체를 포함하면 약 4만여 명으로 추산된다. 이곳의 삼성 직원들은 대부분 직업적으로 왕성하게 활동하는 연령대이다 보니 한창 공부할 시기의 자녀들이 많았고 자녀 교육여건이 근무에 중요한 조건이 되었다.

하지만 삼성의 주요 사업장이 들어서 있는 아산시 탕정면과 배방면, 천안시 백석동과 성성동 일대에는 일반 인문계 고등학교가 없었다. 차로 30분 정도는 타고 가야 학교가 나오고, 아예 1시간 가까운 거리의 천안으로 통학하는 학생들도 많았다. 그러다 보니 아예 많은 수의 직원들이 배우자와 자녀를 수도권에 두고 혼자 주말부부 생활이나 '기러기' 생활을 선택하는 경우가 많았다. 이 처럼 교육환경이 좋지 않다보니 직원들이 아산지역 근무를 기피하거나 우수 인재들의 장기근무 유도가 쉽지 않았다.

삼성에서는 디스플레와 반도체 산업의 메카가 되어야 할 이 지역의 사업 경쟁력을 확보하기 위해서는 우수한 인력이 하루빨리 정착할 수 있는 교육 여건을 개선하지 않을 수가 없었다. 회사 차원에서는 이러한 직원들의 숙원사업을 해결하기 위해 수년간 충남교육청에 공립고등학교를 신설해줄 것을 건의해 왔었다. 하지만 교육청에서는 예산이나 여러 사정을 들어 난색을 표했고, 나중에는 오히려 삼성이 직접 고등학교를 세워 이 문제를 해결할 것을 제안해 오기에 이르렀다.

이 지역 삼성 계열사들은 고심 끝에 직원들의 복리후생 향상, 교육여건의 개선, 그리고 국가적으로도 중요한 디스플레이, 반도

체 산업의 지속가능한 성장을 위하여 산업단지 내 고등학교를 설립하기로 결정을 내렸다. 그리하여 학교 형태는 당시 정부의 역점 교육사업이기도 했던 기업형 자율형사립고등학교(자사고)를 설립하기로 결정했고, 이렇게 세워진 학교가 바로 충남삼성고등학교이다.

2011년 6월 드디어 탕정지역 디스플레이 산업단지에 공교육 인프라의 구축을 목표로 하는 혁신 프로젝트가 출범했다. 당시, 탕정의 삼성전자 LCD사업부의 건물내 일각에 테스크포스 사무실이 꾸려졌다. 학교설립 D-데이 2년 반 전에 '아산 충남 교육Asan Chungnam Education 혁신' 프로젝트 팀이 구성된 것이다. 이름하여 에이스ACE 팀이 출범하게 된 것이다. 먼저 학교법인 충남삼성학원을 세우고, 법인의 이사장을 권오현 전 삼성전자 부회장이 맡으면서 상당한 규모의 교육 투자를 통해 학교 설립이 진행되었다.

그해 12월, 인사담당 상무인 나에게 이 프로젝트를 맡아서 관리 진행하라는 미션이 떨어졌다. 25년간 삼성에서 인사업무를 맡아온 사람으로서 교육업무를 맡으라니 많은 생각이 들었다.

기업에 입사하여 줄곧 인사업무를 맡아오면서 그동안 많은 선배 임원들이 이룩한 성취의 역사도 지켜보았다. 또 많은 젊은이들을 뽑고(채용), 훈련시키고(교육), 평가하고(인사고과), 성장시키는(승진) 일도 했다. 이것이 인사를 담당해온 나의 기본 업무였지만 이

포도마을 탕정이 삼성 디스플레이 산업단지로 탈바꿈하고 연구소 부지에 충남삼성고를 설립하여 대한민국 미래교육의 희망을 심었다. 2011년 터파기 작업이 시작되어 오늘의 역사를 만들었다.

런 중에도 줄곧 훌륭한 인재에 대한 목마른 갈증이 있었다. 소위 말하는 우수한 대학을 졸업하고, 화려한 스펙을 쌓았음에도 진정한 인재라고 말하기 어려운 젊은이들이 많았기 때문이다.

우리 교육계에서 만연하고 있는 암기·주입식·입시 위주의 교육은 기업이나 사회에 큰 도움이 되지 못했다. 이렇게 교육받은 이들은 시험 문제는 잘 풀 줄 아는데 상황문제는 풀지 못하거나,

시키는 일은 할 줄 아는데 도전과 모험을 모르는 경우가 많았다.

어떻게 하면 기업이나 사회에서 활약할 수 있는 훌륭한 인재를 만들어 낼수 있을까. 대학의 졸업장이나 단순한 스펙이 중요한 것이 아니라 대학 이전의 그 원류의 단계에서 부터 제대로 된 양질의 교육을 통해 사회나 미래에 활약할 인재를 길러낼 수는 없을까 생각하게 된 것이다.

인사 담당으로서 이런 고민과 갈증이 지배하고 있을 때 나에게 떨어진 학교 설립이라는 미션은 훌륭한 기회이자 도전의 장이 되었다. 미래 인재의 양성과 앞으로의 교육에 대한 실험이라는 의미에서도 더욱 의욕과 열정이 솟았던 것 같다.

우리는 에이스팀을 본격 가동하기 시작했다. 에이스팀은 주로 삼성의 인사업무 경력자를 중심으로 구성되었고, 학교설립과 건축, 그리고 인적구성 등에 대한 연구 등 차근차근 준비작업이 이루어졌다.

우리는 세계에 내놔도 손색이 없을 학교다운 학교, 교육다운 교육을 실현해 보기 위해 국내의 유명학교들은 물론, 세계적으로 유명한 학교들도 벤치마킹하기도 하고, 수많은 토론과 관련 전문가들의 조언을 구하기도 하면서 좋은 학교를 만들기 위해 노력했다.

그러나 고교를 졸업하고 30여년 만에 돌아본 국내 고교 현장은 나아졌다고 하기에는 어려운 시간만 훌쩍 흘러버린 것 같은 느낌도 들었고, 어떤 면에서는 오히려 뒷걸음친 건 아닌가 하는 걱정이 앞서기도 했다. 학생의 진로와 미래에 대해 고민해주는 교육은 찾아보기 어려웠고, 오직 대학 입시에만 매몰되어 대학 문턱만을 바라보는 형국이었다. 교권은 땅에 떨어져 있고, 학교의 기능은 많이 위축되어 있는 모습이 대부분이었다. 가르치는 일은 교사의 몫이 아닌 사교육이나 학부모의 몫으로 전락되어 있는 듯했고, 가장 빛나고 아름답게 성장하고 발전해야 할 고교 3년은 대학 진학을 위해 모든 것을 희생해야 할 고난의 시기로 전락했다. 또한 친구와 동료는 우정을 나누고 서로 도움을 주는 관계가 아닌 경쟁자의 모습으로만 비춰지는 듯했다.

"고교 3년 동안 학생들이 달라질 것은 없다. 어떤 자원을 뽑아야 어떤 대학으로 보내느냐로 직결 된다"는 한 교장선생님의 씁쓸한 조언을 떠올리며, 정말 우리의 교육 현실이 왜 이리 되었을까 하는 마음에 상당히 괴로울 때도 있었다.

우리 에이스팀은 이런 답답한 마음에 조금이라도 힘이 될 만한 교육현장을 만들어보자는 일념으로 하나둘 머리를 맞대기 시작했다. 백짓장도 서로 맞들면 낫다고 하지 않았던가.

명문고 프로젝트도
귀족학교도 아니다

인사가 만사라고 했던가. 모든 역사는 훌륭한 사람들이 만들어 가는 것이다. 에이스팀은 첫 작업으로 민사고와 외대부고 경기 외고를 거치며 경륜을 인정받고, 교육계에서 전국적 지명도를 지닌 박하식 선생님을 교장으로 영입하면서 학교 건립에 박차를 가하게 되었다.

우리 학교는 충남삼성고등학교를 정식 교명으로 설립 취지를 살려 자율형 사립고로 출발하였다. 전국 자율형사립고 50개교 가운데 기업이 설립한 법인에서 운영하는 10여 개 자사고 중 하나가 된 것이다. 기업의 지역 사업장을 기반으로 한 자사고는 대부분 직원자녀 전형이 별도로 마련돼 있는데 포스코의 광양제철고, 포항제철고 2개교와 울산에 위치한 현대중공업의 현대청운고가 대표적이다.

우리 학교는 특히 처음 학교의 설립과정이나 목적이 삼성 직원들의 자녀교육에 두다 보니 입학전형에서도 전체 선발인원 350명 중 삼성 직원 자녀 선발전형이 70%(타지역 거주 자녀 제외), 사회적 배려 대상자 전형 20%(70명), 일반전형 10%(35명)의 선발기준을 적용하게 되었다.

이렇게 삼성 직원 자녀의 선발 비중이 70%였지만 실제 입학해야 할 학생의 절반 이상이 우리 학교에 입학하지 못했다. 이는 아산지역에 근무하는 삼성그룹 직원수 3만6000명 중 매년 고등학교에 진학해야 할 직원 자녀가 600명에 달해 2대 1의 경쟁률을 보이고 있으며 절반 정도가 입학하지 못하는 것이다.

상황이 이러함에도 설립 초기에는 외부에서 가끔 우리 학교가 수도권이나 전국에 있는 삼성 직원들의 자녀를 위한 '귀족학교'라는 소문도 있었고, 고위직이나 임원들의 자녀가 중심이 되는 게 아닌가 하는 오해의 시각도 있었다. 하지만 우리 학교에서 말하는 삼성 직원들이라 함은 제조에서 기술, 개발, 지원직을 총망라한 일반 직원들이나 중간관리직 자녀들이 중심이 되는 보편적인 지방소재 사업장의 특색을 나타내고 있으며, 개교 후 많은 사람들이 방문하면서 이런 편견은 쉽게 불식되었다.

우리학교의 선발 대상 또한 다른 기업 출연 자사고처럼 전국 단위로 우수한 학생들을 선별하여 뽑는 명문대·명문고 프로젝트가 아니다. 성적 위주로 학생을 뽑는 것도 아니고, 충남에 근무하는 삼성 직원이면서, 자녀가 충남에서 중학교를 다닌 학생, 그리고 충남 거주 일반 가정의 자녀들을 대상으로 하다 보니 그 어느 학교보다 다양한 학생들이 함께 모인 자율형 사립고라는 점이 굳이 다르다면 다른 점일 수 있겠다.

또 일반 다른 자사고처럼 교육비가 엄청 비싸 일반 가정에서는 엄두도 못 낸다는 말도 사실이 아니다.

우리 학교의 1년 1인당 등록금은 240만 원 정도이고 기숙사 생활을 하는 경우 월 17만 원을 추가로 내야 하며 식대는 끼니 당 4500원 정도다. 1년 동안 학생이 부담해야 하는 비용은 총 800만 원 정도인데, 인근 천안지역 자사고보다 낮을 뿐 아니라 수도권의 자사고와 비교하면 60% 수준에 불과하다. 이는 전국 자사고 평균의 절반 수준에 해당되고, 1000만~2000만 원에 육박하는 일부 사립고등학교와 비교하더라도 절반에도 못 미치는 수준이다. 이는 일반적인 가정에서 고등학생 자녀를 키우는 데 소요되는 공적·사적 교육비를 넘지 않는 선에서 학교를 운영한다는 방침을 세우고 있기 때문이다.

조용하고 한적한 곳에 자리잡은 학교는 주변에 유해환경이 없어 학생들의 교육활동에 적합하다.
2014년 개교하여 3기 졸업생을 배출했으며 전국에서 주목받는 학교로 급부상했다.

반면 학생 1인을 위해 투자되는 교육비는 전국에서 높은 수준으로 상당한 수준의 교육비를 재단에서 투자하고 있는 셈이다. 우리 학교는 학교법인 전입금과 수업료만으로 운영되는 자사고이기 때문이다. 내용이 이럼에도, 학교가 설립되기 전부터 막연하게 정확한 근거도 없이 귀족학교라는 편견과 오해로 일부 언론이나 사회단체로부터 회자되기도 하였으며, 삼성이 막대한 투자와 물량 공세로 일반 시민들의 생각과는 동떨어진 귀족학교, 입시중심 학교를 만든다고 오해한 것이다. 하지만 학교가 개교하여 많은 방문자들이 다녀가고, 학교의 실상과 교육철학, 진정성 있는 교육과정들이 소개되고 알려지면서 이러한 얘기들은 정리되었다.

그리고 다른 공립이나 사립학교에도 투입되는 정부나 지자체의 예산이나 재정결함 보조들과 견주어 무리가 아님을 이해해 주는 상황이 된 것 같으며, 또 이제 내년이면 4회 졸업생을 배출하게 되면서, 학교의 건학이념이나 운영방침이 조금 더 세상에 알려지면서 초기의 오해는 대부분 사라진 느낌이다.

이렇게 우리 학교는 개교 초기부터 많은 관심과 우려 속에 출발하여 이제 겨우 3기의 졸업생을 배출한 새내기 학교에 불과하다. 다행스럽게도 지난 3년여 동안 졸업생의 진학, 진로 성적이 기대치보다 높게 나타나 전국에서 주목받는 학교로 급부상했다. 성적이 우수한 학생들을 가려 뽑은 집단도 아닌데 어떻게 이런 결과를 내게 되었는지에 대한 궁금증들로 벤치마킹 대상 1호 학교가 되어 방문하는 사람들이 끊이지 않는 것도 사실이다.

이런 결과는 하루아침에, 대규모 투자만으로 얻어지는 것은 아니다. 학교 설립의 기획단계에서부터 좋은 이념을 세우고, 뜻있는 사람들을 제대로 모으고, 그들이 가진 열정을 쏟게 하고, 또 보이지 않는 남다른 헌신과 노력이 숨어있었기에 가능했던 것이다.

몸집만큰아이인가
예비 성인인가

우리 학교의 모든 교육 운영과정과 교육 프로그램은 고등학생을 '큰 아이big child'가 아니라 '예비성인little adult'이라는 학생관에서 출발한다. 학생은 학부모의 관리나 교사의 잔소리로 움직이는 존재가 아니라 분명한 방향을 제시해주고 안내해주면 자신의 과업을 스스로 해낼 수 있는 '자유의지'를 가진 존재이다. 이런 믿음이 학교의 교육이념이나 교훈, 모든 교육과정과 교육 프로그램에 작용하도록 되어 있다.

　고등학교 3년은 인생의 다음 시기를 위해서 하고 싶은 많은 것들을 꾹꾹 참아가며 견뎌내야 하는 시기가 아니다. 그 시간 자체가 의미 있고 보람 있고 아름다워야 한다.

하지만 요즘 우리 어른들은 이를 허용하지 않는다. 오로지 좋은 대학 진학에만 목표를 두고 이에 방해되는 것에는 관심을 두지 않거나 차단한다. 학교에도 오로지 좋은 진학 실적을 낼 수 있는 최적화된 교육과정과 경험 많은 고3 담임교사의 진학지도를 기대한다. 이것도 모자라 학부모는 여기저기 최신 정보를 반영한 좋은 학원과 소문난 진학 컨설턴트를 수소문해서 시간표를 짜놓고 자녀를 이리저리 끌고 다니며 공부하라고 다그치고 있다.

이렇게 공부와 진학만을 강요하는 상황은 글로벌 교육적 시각에서는 물론 우리 전통사회의 시각에서 보더라도 난감하고 어처구니없는 일이 아닐 수 없다.

고3은 1년 후면 분명 대학생이 되고 성인이 되어 정신적 경제적 독립을 앞둔 시기이다. 이들을 단순하고 반복적이며 스스로 생각하지 않아도 되는 환경 속에 처박아 두고 있는 게 우리 어른들이고 고3을 대하는 잘못된 태도이다.

대부분의 고3은 부모님이 하라는 대로, 선생님의 말씀대로 열심히 공부해서 일단 대학에 들어간다. 하지만 모든 것을 다 이룬 듯한 기쁨도 잠시, 4년이 흐르고 이미 어른이 되어버린 그들 앞에는 '청년실업'이라는 험난한 강이 떡하니 버티고 있다.

어른들의 말씀대로 힘들게 자습실에서, 학원에서 열심히 공부하고 대학에 합격했으면 기대처럼 탄탄대로가 열려야 하지만 그렇지 못한 것이 현실이다. 스스로 고민하고 선택한 길이었다고 해도 억울할 텐데 어른들이 하라는 대로 해서 만난 현실이니 기성세대와 갈등이 생기고, 마주하는 현실에 부정적 생각을 갖는 것은 당연한 일일지도 모르겠다.

이제 우리는 잘못을 고백해야 할 때다. 자녀들이 앞으로 살아갈 미래가 어떻게 될지에 대한 예측이나 연구 없이 우리가 겪은 경험과 현실문제 해결에만 초점을 맞추어 공부만을 강요했다. 그들의 미래에 별 필요 없는 학습 노동에 시달리게 했고, 불필요한 경쟁으로 내몰아 우울하게 했으며, 좋은 욕구조차 꿈틀대지 못하도록 억압하고 방치했으니 정말 미안하다고, 정말 잘못되었다고 말해야 할 것이다.

그리고는 그들을 정식으로 어른들의 세계로 초대해야 한다. 예비 어른인 고등학생에게 그동안 우리의 잘못을 솔직히 고백하고, 어른들의 세계로 그들이 잘 진입할 수 있도록 도와야 하는 것이다. 게다가 우리 어른들이 만들어 놓은 오늘이 그리 바람직하지만은 않다는 현실도 그대로 얘기해 주고, 오히려 빨리 어른 사회에 들어와서 개선해야 할 점도 많고 그렇게 해줄 것을 믿는다고 솔직하게 털어놓아야 한다.

조선시대의 러브스토리 《춘향전》을 생각해보자. 사랑하는 사

학생은 가르침의 대상이 아닌 배움의 주체이다. 학생들은 스스로 자율·창의·품격을 연마하여 예비 성인으로 성장해 간다. 학교에서는 성인식을 거치며 독립된 자아를 확인시킨다.

람을 위해 자신을 지키는 춘향이, 사회적 경제적 독립을 위해 과거시험을 준비하고 암행어사가 되어 자신의 여인을 지켜낸 몽룡이, 사회를 정의롭게 변화시켜가는 그들의 행동은 통쾌함을 느끼게 한다. 주인공인 춘향이와 이몽룡의 당시 나이는 16세, 17세 정도로 현재 고등학생 또래의 이야기인 셈이다.

우리 전통사회에서는 16, 17세가 분명 어른이었고, 사회 경제적으로 독립하여 가정을 꾸리기 위한 학업준비와 어른으로서의 의로움을 갖추어야 할 나이라는 것을 당연시했다. 성인식인 관례冠禮와 계례笄禮는 15세에서 20세의 남녀에게 행해졌고, 이 의식을 통해 어른 사회의 진입을 정식으로 허락했다. 관례의 의식에는 술을 마시는 예법을 배우는 초례初禮가 있었는데, 이는 술을 마셔도 좋다는 의미보다 제대로 술을 마심으로써 어린 아이의 모습과 부정적인 습관을 다 지우라는 의미였다. 형식상 남자는 갓을 쓰고 여자는 비녀를 꽂는 것이었지만 내용적으로 더 많은 성인의 덕목과 정신이 담겨 있었다.

유대인 역시 성인식의 전통이 있다. 소년을 위한 성인식을 바르 미츠바Bar Mitzvah, 소녀를 위한 성인식을 바트 미츠바Bat Mitzvah라고 한다. 우리와 달리 전통사회에서만 시행되고 만 것이 아니라 지금까지도 이어지고 있다.

유대인들은 이 의식을 우리나라 중 2학년쯤 되는 만 13세가 되는 생일에 거행한다. 이 성인식은 적어도 1년 전부터 준비하는데, 유대인들의 전통 율법서(토라)와 그 해석이 담겨있는 탈무드를 읽고 철저하게 학습해야 한다. 이 날 주인공은 많은 사람을 초대해 그 앞에서 토라를 읽고 주제를 택해 연설하게 된다. 의식 중 특이한 순서는 주인공의 부모가 친척 지인들 앞에서 부모로서의 책임에서 벗어남을 선언하는 선포식이다.

"책임을 면케 하신 하나님을 찬송할지어다."

성인식을 말하는 미츠바는 율법을 뜻한다. 바르 미츠바란 율법의 아들, 바트 미츠바는 율법의 딸이라는 뜻이다. 부모에게 의존하지 않고 유대인의 하나님 말씀인 토라에 따라 스스로 판단하고 결정하면서 살겠다고 선언하는 셈이다.

유태의 성인식에 초청된 하객은 축의금을 가지고 오는 것이 관례다. 미국에 사는 유대인을 기준으로 대략 100달러에서 200달러의 '거금'을 내놓는다. 축의금은 행사비용으로 쓰는 것이 아니라 만 13세가 지난 그 주인공의 통장에 넣어주고 그 때부터 그 돈을 스스로 관리하게 한다. 성인사회 진입을 허락 받은 주인공은 이 돈을 경제생활의 종자돈seed money으로 활용하게 된다. 돈을 사용하는 권리와 책임을 온전히 그에게 부여하는 것이다.

20세에 페이스북을 창업한 저커버그, 구글을 창업한 세르게이 브린, 래리 페이지, 19세에 델dell을 창업한 마이클 델 등 약관의 나이에 창업해 세계 경제의 거인으로 성장한 이들이 모두 유대인이라는 사실이 놀랍기만 한 일일까. 이들의 창업에 필요한 초기 자금이 바로 미츠바를 통해 받은 축의금이었다는 사실이 더욱 놀랍다. 자신의 삶을 스스로 헤쳐 나가야 한다는 것을 13세에 분명하게 인지한 유대인들은 돈을 관리하면서 경제 개념도 터득하고 창업할 수 있는 근거를 갖게 되는 것이다.

청소년이라 불리는 시기의 학생을 아동으로 보느냐, 성인으로 보느냐는 관점의 차이가 그 사회나 나라를 크게 바꿀 수 있다. 우리도 이제 고등학생을 아동이 아니라 성인으로 믿고 바라보는 관점의 변화가 시급하다. 우리 학생들은 스스로 창조적이고 멋진 생각이 있음에도 불구하고 합리적이지도 교육적이지도 않은 어른들의 양육방식과 교육방침을 너무나 잘 참아주고 있음을 간과해서는 안 된다.

이젠 고등학생을 성인이라 여기고 그들의 생각이나 소망, 건강한 욕망을 귀담아 듣고, 책임감 있는 성인으로 대접해야 한다. 고등학생 스스로 자신의 미래와 삶에 대해 부모님이나 선생님보다 더 소중하고 중요하게 생각하고 있음을 알아야 한다. 어떤 선택이 자신에게 중요하고 필요한 것인지 너무나 잘 알고 있기 때문이다. 물론 선택과 결정에 대해 책임을 져야 한다는 것도 잘 알고 있다.

고등학생들이 해야 할 것을 어른들의 경험과 사고 안에 가두고 따르게 해서는 안 된다. 선택에 도움이 될 수 있는 가이드와 여건을 만들어 주는 게 부모와 교사가 해야 할 역할이다. 고등학생은 덩치 큰 아동이 아니라 예비 성인이기 때문이다. 결국 어른 대접을 해야 어른이 된다는 말이다.

04

대학을 넘어
학교다운 학교로

앞으로 성장하는 청소년 세대가 살게 될 미래는 우리가 전혀 상상하지 못했던 세상일 것이다. 향후 20년이 지나지 않아서 현재 우리가 생업으로 삼고 있는 직업의 대부분이 없어질 지도 모르고, 생각지도 못했던 직업이 생겨나기도 할 것이다. 그러므로 지금처럼 학생의 능력을 학교성적에 기반한 '인지적 수월성'에만 초점을 맞추는 것은 바람직하지 못하다고 할 수 있을 것이다.

삼성에 근무하는 동안 대부분 인사업무를 담당해왔고, 어떤 사람이 기업이 원하는 인재인지에 대해 많이 고민했다. 스펙이 좋은 사람을 뽑아보기도 하고, 능력이 탁월한 사람을 선택해 보기도 했지만 이들 모두가 훌륭한 인재였다고 결론내리긴 어렵다. 무엇보다 바른 품성을 갖춘 사람이 조직에서 시너지를 냈고 이들의 리더십이 훌륭했으며 창의성이 발휘되었기 때문이다. 그러면서 인재에 대한 생각이 바뀌게 되었다.

더구나 인재는 짧은 기간에 만들어지는 것이 아니다. 성장하는 과정에서 인격이 형성되고 부가적으로 능력이나 재능을 갖추게 되는 것이다. 어릴 때는 부모가 아이에게 가장 많은 영향을 미치지만 성장하면서는 학교가 맡는 역할이 크다.

특히 중고등학교 시절 학교 교육은 나름의 이성이나 판단 능력이 생기는 청소년들에게 지대한 영향력을 미치게 되는데 그 중요성을 실감하지 않을 수 없다.

이런 무거운 책임감을 안고 우리 프로젝트 팀은 '학교다운 학교, 교육다운 교육'을 지향하면서 '가장 진정성 있는 교육과정'을 만들어 보리라 결심했다. 그리하여 슬로건을 '대학을 넘어'라는 뜻을 담아 '비욘드 유니버시티'라고 정했다. 이를 정확히 풀어 쓰면 "Not just for University! Beyond University!"이다. 오직 대학을 위한 공부가 아닌, 사회에 나가 그 구성원이 되어 배운 바를 어떻게 유용하게 쓸 것이며, 평생을 통해 닦아낼 그 무엇을 가르치고, 또 배우게 하자는 의미다. 그렇게 해서 탄생한 인재 육성의 목표가 바로 '바른 품성, 창의력, 리더십을 겸비한 글로벌 미래 인재'의 육성이다. 이에 걸맞은 인재로 키우려면 학교는 어떤 역할을 해야 하는지 고민하기 시작했다.

외국의 유수한 고등학교와는 달리 우리나라 대부분의 고등학교는 대학진학을 위한 입시준비 단계로 운영되고 있다. 하지만 우리는 이런 입시위주의 교육기관을 탈피하고 학생들이 자신의 이상과 꿈을 찾고 미래의 직업인으로 성장하는 준비를 갖추는 곳이 학교여야 한다고 생각했다.

성인이 되기 전에 당연히 갖춰야 할 자질인 바른 품성은 고등학교 3년간의 학습과 다양한 활동을 통해 이루어져야 함에도 우리는 대학 진학이라는 지상과제 때문에 학생들이 갖추거나 누려야 할 권리를 유보해 왔다. 대학 진학을 위한 학생들 간 경쟁, 입시 준비에 최적화된 공부를 해야 한다는 부담감에 밀려 인성은 강조하기 어렵거나 순위에서 밀려나기 일쑤였다.

하지만 우리는 고등학교 3년의 공부 초기에 충분한 사유와 훈련을 통해 목표의식을 갖고 흔들림 없이 추진할 수 있는 인성을 갖추어야 한다고 판단했다.

이것이 우리 학교의 교육방향인 전인교육이고, 눈앞의 공부보다는 인생을 준비하는 교육, 대학 입시를 준비하는 교육이 아닌 '대학을 넘어서'라는 슬로건에 맞춰 미래 인재양성에 목표를 두게 된 이유다. 우수 인재의 기본 자질은 기능과 지식도 중요하지만,

'인성'이야 말로 가장 큰 경쟁력이라는 판단 하에 전인교육을 교육 방향으로 설정한 것이다.

지금의 학생들이 직면하고 있거나 직면하게 될 '초고도 정보화 사회'에서는 기능과 지식은 눈을 뜨고 손만 벌리면 기계와 컴퓨터의 힘을 빌려 얻을 수 있을 것이다. 하지만 인성은 스스로 갖추어야 할 인격적 덕목으로 고교 생활을 통해 바른 인성을 갖추는 것이야 말로 무엇보다 중요하다 하겠다.

이에 걸맞은 교육을 실현하기 위해서는 재단에서의 과감한 투자가 필요했고, 질 높은 교육 프로그램을 준비하고 실천하려는 의지가 뒤따라야 했다. 이 모든 것은 사람이 하는 일이다. 질 높은 교육프로그램과 우수한 교육시설이 있다한들 이들을 가르칠 열정 넘치는 인재가 없다면 불가능할 것이다. 개인이 가진 뛰어난 능력은 성실함과 해내고자 하는 열정을 이기지 못한다고들 하지 않는가.

우리는 개교 전 오랜 기간에 걸쳐 미래인재를 양성할 수 있는 우수한 선생님들을 찾아 다방면으로 노력했고 좋은 인재를 선발하게 되었다. 선발은 9단계에 걸쳐 이루어졌는데 마지막 관문은 1박 2일간의 합숙 심층 면접이었다. 다른 사람들과 좋은 관계를 맺는 능력과 자기 절제, 열정을 확인하는 단계를 거친 것이다. 이 결과 우리 학교에 근무하는 모든 교사를 포함한 직원들은 학력이나 능력보다 열성이 강한 사람들이 모였다는 것을 최고의 강점으로 들 수 있다.

열정 있는 사람들이 모이면서 어떤 학교를 만들 것인지, 학교와 학생문화는 어떤 방향으로 형성해 나갈 것인지, 어떤 교육 프로그램을 적용시킬 것인지, 어떻게 학생을 지도하고 이끌 것인지, 어떤 인재상으로 만들어 나갈 것인지 머리를 맞대었다.

학교가 지향하는 바를 담은 교훈을 '자율自律, 창의創意, 품격品格'으로 정했는데 여기서도 인성을 강조했다. 대학교 입학에만 필요한 교육이 아니라 대학 생활을 하면서 또 대학졸업 후 일생을 통해서도 꼭 갖추어야 할 바른 인성 그리고 바른 품성을 모든 교육에 우선하여 실시한다는 것을 반영한 것이다. 학생들에게 좋은 성품을 갖게 할 뿐 아니라 자신을 넘어선 국가와 세계, 그리고 자신을 둘러싸고 있는 자연에 대한 책임 또한 다할 것을 담고 있다.

다음은 우리 학교의 교육을 통해 변화될 학생상이다.

- 현재의 자신·자연·국가와 세계에 대하여 잘 이해하고 있다.
- 미래의 자신·자연·국가와 세계를 위한 큰 꿈을 갖고 있다.
- 신체가 건강하며 자율적 의지와 열정이 있다.
- 자신을 잘 관리하며 남을 배려할 줄 아는 품격을 갖추고 있다.
- 진리에 대한 겸손한 태도를 갖고 있으며 공부하는 이유와 방법을

알고 있다.

- 과학적으로 사고하며 학문과 생활에 관련된 기능과 기술을 갖추고 있다.
- 정서적으로 안정이 되어있으며 예술을 감상하고 예술 활동을 할 수 있다.

우리 학교의 학생상을 보면 대학입시를 위해 성적 올리기에만 급급한 여타 자사고와는 확실히 비교가 됨을 알 수 있다.

그렇다고 우리 학교가 대학 진학 성과가 중요하지 않다거나 무시해야 할 부분이라고 생각하지는 않는다. 단지 이러한 인성을 강화하는 교육은 학력과 대학 진학을 위해서도 분명 긍정적인 영향을 줄 것이라 믿었고 그 결과가 현재 대학 진학 결과에서도 잘 나타나고 있다.

05

공부가 아니라
미래를 가르치다

우리가 살아가고 있는 오늘은 누가 뭐래도 4차 산업혁명 시대이고 이에 이견을 달 사람은 없을 것이다. 이 시대를 제대로 살아내기 위해서 우리는 무엇을 준비해야 하고, 무엇을 강화해야 할까? 그에 적절한 답을 구하기 위해 IT, 코딩, 인공지능, 컴퓨터적 사고 같은 단어들이 수많은 사람들의 입에 오르내리고 있다. 확실치는 않지만 이러한 영역이 빛을 발하고, 우리가 직면하게 될 인간사와 업무 영역의 중심에 자리할 것이 분명하다.

하지만 인공지능시대, 사회가 고도화되면 될수록 더욱 중요하게 부각되는 항목은 다름 아닌 품성이다. 그 복잡다단한 인공지능의 설계와 개발도 인간의 힘으로 해야 할 일이고, 또한 인간의 품성으로 통제되어야 할 일이다. 미래의 인류가 높은 품성으로 인공지능을 설계할 것이냐, 아니면 낮은 품성으로 인공지능의 지배를 받으며 주어진 일을 해야 하는 서글픈 존재로 전락하는가는 품성이 결정하게 될 지도 모른다.

창의력 역시 마찬가지다. 창의력은 어떤 시대에서도 그 가치가 중요하지 않은 때가 없었다. 하지만 4차 산업혁명 시대에서 창의력에 대한 파급력은 비교 자체가 무의미할 것이다. 1, 2, 3차 증기나 전기, 정보 기반의 산업혁명 시대와 인공지능 기반의 창의력은 기하급수를 넘어 치명적 차이를 가져오게 될 것이며 암기나 주입식 교육의 결과물로는 비교 자체가 불가능한 수준이다.

그렇다면 리더십은 어떨까? 4차 산업혁명 시대의 인간의 가치나 생산성의 가치는 그 이전 시대와는 엄청난 차이를 보일 것이다. 이러한 인간의 가치를 존엄히 여기고 생산성의 가치를 함께 끌어내는 리더가 바로 미래의 리더가 될 것이다.

우리는 학교교육의 목표를 올바른 품성을 갖추고 창의력을 겸비한 미래의 리더를 육성하는 것에 중점을 두었다. 바로 그러한 사람들을 지휘하고, 통솔할 리더를 학교 교육을 통해 육성해 내고자 하였다. 우리가 키워낸 인재들이 옳고 바른 방법으로 조직과 구성원을 리드하고, 세계의 경계가 없는 글로벌 시대의 진정한 리더로 거듭나기를 바란다. 우리는 그들이 진정한 미래인재로 성장할 수 있도록 그들의 가능성을 키우고, 미래를 향한 핵심 DNA가 길러질 수 있는 배움의 토양을 만들고자 노력하는 학교교육을 실천한다. 그리하여 우리가 내건 기본 슬로건이다.

"공부만을 가르치지 않습니다. 미래를 가르칩니다!"

여기에 덧붙여 강조하는 말이 있다.

"실력보다는 인성이 먼저입니다."
"지식보다는 지혜를 가르칩니다."
"진학보다는 진리를 탐구합니다."

여기에 우리 학교 교육의 기본 마음이 담겨 있다.
"공부만을 가르치지 않습니다. 미래를 가르칩니다!"
다시 곱씹어 봐도 참 좋은 말이다. 우리 학교의 건학이념과 교육목표에 맞춰 우리가 나아가야 할 교육적 '초심'이라고 하겠다. 사실 첫 구절을 "공부만을 가르치지 않습니다"가 아니라 아예 "공부를 가르치지 않습니다"로 하고 싶었지만, 약간의 오해로 인한 학부모님들의 반대와 파급효과를 우려하여 조금은 부드러운 표현으로 완화하였다.

사실 '미래를 가르친다' 보다 더 좋은 말이 어디 있을까? 다만 아직 이런 구조와 의도를 제대로 이해하고 공감해줄 학부모와 사회적 인식이 따라주지 않는다는 점에 수긍할 수밖에 없다. 조금 더 사회적 여건이 무르익고, 진정한 미래를 제대로 바라보고 느낄 수 있는 시절을 맞아 이런 표현이 쉽게 이해될 수 있기를 바란다.

"실력보다는 인성이 먼저입니다."

오랜 기간 기업에서 인사 업무를 담당하면서 실력은 있으되 인성이 뒷받침이 안 되어 도중에 좌초되는 적지 않은 직원들을 봐왔다. 미국 기업 GE의 전 CEO인 잭 웰치 회장도 아무리 좋은 성과를 내는 경영자라도 '진실성integrity'이 없으면 안 된다며 최고 성과를 낸 부문장을 경질한 사례는 시사하는 바가 크다.

"지식보다는 지혜를 가르칩니다."

이 구절 또한 아무리 높은 지식이 머릿속에 있다하더라도 실행에 옮길 수 없는 지식이라면 무슨 소용이 있는가 하는 의미에서 우리가 내건 슬로건이다. '구슬이 서 말이라도 꿰어야 보배'인데, 실천과 실행을 수반하지 않는 책 속, 머릿속 지식은 무슨 소용이 있을까? 사대부 출신이 아니어도, 학자가 아니어도 많은 역사적 산물을 발명해낸 장영실 같은 위인을 떠올린다면 해답은 분명할 것이다.

"진학보다 진리를 탐구합니다."

현실적인 관점에서 고교 과정 중에 그 어떤 성과보다도 진학 성과가 중요한 것은 익히 잘 알려진 사실이다. 우리나라 학부모들의 진학에 대한 갈증과 염원은 현재 진행형이자 자녀 교육의 정점에 자리하고 있음은 명약관화하다. 하지만 대학진학은 순간적인 수단 획득이라고 보는 것이 옳다. 앞으로 백세 시대를 현명히 살아가기 위해서는 진리의 획득이야 말로 학업과 공부의 목적이 되어야 한다.

4차 산업혁명 시대의 도래, 무엇이 중요하겠는가? 이 질문에 답하기 위해 우리는 학교 설립과 운용의 방향을 정립하였다.

3강 3무의
학교를 만들다

학교의 모든 분위기는 학교문화로 만들어진다. 기본이 서는 학교, 가장 진정성 있는 교육을 실천하기 위해 우리는 건학이념에 맞는 학교 문화를 3강三强 3무三無로 정했다.

3강이란 우선 건학이념의 제1이 바른 품성임을 감안하여 인성이 강한 학교를 만드는 것이고, 둘째 학생들의 적성개발이 강하며 셋째, 학습지도가 강한 학교를 만드는 것을 말한다.

3무 문화는 무엇인가. 우선은 학교폭력이 없는 학교를 지향한다는 것이다. 다음은 사교육이 없는 학교, 그리고 교사들에겐 행정잡무를 없애 오로지 학생지도와 수업에만 열정을 쏟도록 하는 것이다. 이러한 '3강 3무'는 2012년 11월 교과부와 '자율형 사립고 설립·운영 업무 협약식'을 체결하면서 주요 언론을 통해 외부에서도 거론되기 시작해, 꽤 오래 전부터 우리 학교의 키워드로 자리잡았다.

3강의 제1덕목은 인성이다. 건학이념의 제1이 바로 '바른 품성'이고, 교훈을 보아도 자율 창의 품격으로 인성적 요인을 강조하고 있다. 우리 학교는 학생들에게 제일 먼저 올바른 인성을 갖추는 것을 가장 강조하고 있다는 것을 잘 대변해주고 있다.

고등학교 3년은 자신의 인생을 성공적이고 행복하며, 의미 있게 하기 위해 중요한 준비를 하는 시기가 될 것이다. 어떤 삶이 성공적이고 행복하며, 의미 있는 삶일까? 어떻게 살아야 행복한 삶을 살 수 있을까? 돈이 충분하게 있거나 좋은 대학에 진학하고, 좋은 직장에 취직하면 행복한 삶이라고 말할 수 있을까?

우리가 정말 얻고 싶은 것은 기쁨이며, 좋은 직장이나 돈은 이 기쁨을 얻기 위한 수단일 뿐 그 자체가 삶의 목표가 될 수는 없다. 좋은 교육, 좋은 직장, 많은 재물은 결국 기쁨을 누리기 위한 도구일 뿐이다.

삶의 궁극적인 목적은 다른 이들의 삶을 윤택하게 하는 것이어야 한다. 그래서 학교는 학생을 열심히 공부하게 하고, 잘 가르쳐서 능력 있는 사람으로 키워내되, 함께 사는 세상을 만들어갈 줄 아는 인재를 키워내는 것이 중요하다. 세상은 성취의 대상이기만 한 것이 아니다. 우리가 세상을 위해서, 이웃을 위해서 무엇을 해야 할까 항상 고민하면서 살아가야 한다. 기업에서도 인재를 채용할 때는 자질과 능력을 보고 선발하지만 기업에 남겨둘 사람을 고를 때는 특별히 인성을 중요한 기준으로 삼는다고 하는 점을 꼭 염두에 두기 바란다.

다음 2강은 적성개발이 강한 학교라는 것이다. 다시 말해 적성에 맞는 맞춤형의 진로 교육과 다양성 교육에 힘을 쓰겠다는 것이다. 이제 여러분이 살아가게 될 세상은 우리가 결코 상상하지 못했던 세계일 것이 분명하다. 학교는 학생들 각자의 능력을 최대한 발휘할 수 있도록 흥미를 자극하고, 각자 자신의 적성이나 재능을 발견하여 이를 자신의 진로에 활용할 수 있는 교육 프로그램을 실시하는 것이 중요하다.

이런 의미에서 우리 학교는 처음 입학하면 1년 동안 바로 자신이 누구인지, 무엇을 좋아하는지, 앞으로 어떤 일을 하며 살고 싶은지를 먼저 생각해보는 시간을 가지게 한다. 그래야만 다음 2년을 온전히 자신만을 위한 학습계획을 세우고 미래를 위한 준비를 할 수 있기 때문이다.

마지막 3강은 학습지도가 강한 학교이다. 학교의 학습지도는 개인의 특성과 진로를 바탕으로 진행된다. 교사의 철저한 책임수업제에 더하여 학생의 자율과 자기주도 학습이 기본이 된다. 교사는 자신의 수업력 제고를 위해 수업컨설팅을 실시하고, 학생은 자기주도 학습을 통하여 실력을 쌓게 한다. 전인교육을 위하여 교양 및 예체능 활동을 강화하는데, 1인 1기와 동아리 활동을 운영한다. 이밖에 우리 학교는 실생활 교육이나 건강관리에도 만전을 기하고 있다. 이런 것들이 우리 학교가 표방하는 3강 문화이며 우리들 자긍심의 표현이기도 하다.

다음은 3무인데 우리 학교는 학교폭력이 없고, 사교육이 없으며, 교사들의 행정잡무가 없는 학교를 지향하고 있다.

1무는 학생 간 폭력이 없는 학교를 만드는 것이다. 학교폭력은 가해 학생이나 피해 학생 모두에게 평생 엄청난 상처를 남기게 된다. 학교에서는 이러한 폭력의 소지를 차단하기 위해 입학과 동시에 66일의 용광로 프로그램을 실시함과 동시에 1학년 전교생이 기숙사 생활을 하도록 하였다.

친구들과 함께 부대끼며 생활하다 보면 서로를 이해하고 협력하는 정신이 생기니 우정이 싹트기도 한다. 함께 공부하고, 함께 운동하며, 취미활동을 하다 보면 공동체 의식도 강화된다. 이런 곳에서 왕따나 폭력이 생길 수는 없을 것이다.

2무는 바로 사교육이 없는 학교를 지향한다는 점이다. 우리나라의 고등학교가 대학입시를 준비하는 기관으로 전락한지는 이

인성을 강조하고 적성에 맞는 교육을 실시하며 맞춤 진로지도에 의한 인재를 양성한다. 사교육이 없다보니 학교 도서관은 늘 불을 밝히고 건강하게 신체를 단련하며 자율학습을 행한다.

미 오래된 일이다. 대학 입시에서 성적만을 강요하다 보니 지나치게 학습 분위기를 강요하고, 학생들은 3년 동안 입시지옥에서 살아가게 된다. 학생들에게 적절한 학업성취의 동기를 부여할 수 있도록 대학입시제도가 개혁되어야 하겠지만 이를 기대하는 것은 요원한 일이다. 그렇다고 학교가 무조건 따라가기도, 손 놓고 있을 수도 없다.

그래서 우리 학교는 '사교육이 없는 학교'를 구현하고자 하였다. 우리 학생들은 1학년이 지나면 대부분 자율적으로 자기주도 학습이 가능하도록 교육받고 이를 실천하고 있다. 1학년 입학과 동시에 기숙사 생활을 하게 되고, 그중 66일 동안은 집에도 갈 수가 없다. 일단 이런 환경이니 사교육을 받겠다며 학교를 이탈하는 학생이 생길 수가 없다. 대신 66일 동안에 자기주도적 학습을 할 수 있도록 습관을 바꿔주는 일을 병행하고 있다. 대부분의 학생이 이 기간 동안 자신의 나쁜 습관을 고치게 되고, 스스로 공부하는 분위기에 적응하게 된다. 무엇보다 무엇을 어떻게 공부해야 하는지 알게 되니 자신만의 공부시간표를 짜게 되고 오히려 사교육이 방해가 된다는 사실을 알게 된다. 모자라는 공부나 어려운 문제는 항상 열려있는 선생님을 통해 해결하면 되는 것이다.

마지막 3무는 교사들의 행정잡무가 없는 학교를 만드는 것이다. 학교가 유지운영이 되려면 각종 행사와 사업 등이 발생하고 이를 관리 감독하기 위해 서류상으로 기록을 남겨야 하는 일이 많다. 이러한 공문처리 업무를 전담하여 처리할 직원이 부족하다 보니 교사가 이러한 업무도 맡아서 하게 된다. 그런데 이런 업무가 교사에게 부담이 될 정도로 많다는 데 문제가 있다. 다시 말해 교사가 수업준비를 할 시간이 부족하다는 점이다.

교사는 학생을 가르치는 일에만 전념해야 한다. 오로지 학생들의 수업지도를 어떻게 할 것인지, 학생들이 어떤 고민을 하는지 관심을 가지고 함께 해야 한다. 그러기 위해서 교사는 늘 학생 곁에 있어야 하지만 현실은 그렇지가 못하다.

우리 학교는 잡무처리로 인해 수업에 올인하지 못하는 교사들의 고충을 들어주고자 행정처리 인원을 대폭 확충하였다. 그래서 교사 100명에 기숙형 학교의 성격에 걸맞은 행정, 급식, 미화, 보안의 전통적 학교 업무와 기숙사 사감, 전문 상담사, 사서, 그리고 교사의 행정업무를 처리할 학과나 부서별 행정실무사를 포함 약 100명에 가까운 행정직원이 근무하고 있다.

이런 시스템으로 바꾸다보니 교사의 열정이나 시간을 오로지 학생이나 수업에 둘 수 있다. 나머지 시간은 자기계발에 투자하게 되고 이를 바탕으로 수업은 업그레이드되니 일석이조라고 할까. 우리 학교는 우수한 교직원들이 열정과 헌신을 다해 학생을 가르치고, 학생은 좋은 교육환경에서 자신의 미래를 설계할 수 있다.

07

GAT와 TED
교직원 회의문화를 바꾸다

학교를 운영하고 경영함에 있어 전체 교직원을 회의에 참여하게 하는 것은 무척 중요한 일이다. 학교들 중 일부는 시행하고 있을지도 모르고, 또 사정에 따라 그렇지 않은 곳도 있을 것이지만 강제할 수 있는 일은 아니다.

우리 학교는 2014년 개교한 학교로서 전체 회의의 필요성은 두말하면 잔소리였다. 새로운 학교를 만들어 가면서 색다른 교직원 문화를 만들고 싶었고, 거기에는 당연 회의 문화가 중심이 될 수 있을 것이다.

이즈음 우리는 개교 추진단 시절부터 강조해 왔던 문구를 여기에도 적용하게 되었다. 바로 학교와 삼성이 결합함에 있어 "삼성이 학교식이 되어야 하느냐?", "학교가 삼성식으로 되어야 하느냐?"는 문제였다. 우리는 그리 오래 고민하지 않았다. "학교를 삼성식으로 만들어 보자" 이것이 바로 개교 당시 우리의 슬로건이 되었다.

우리는 매주 화요일에 '기획회의'라 하여 각 부서와 학과 책임자들이 모여 회의를 하였다. 처음으로 만든 교육현장에서 발생되거나 기획해야 할 크고 작은 일들을 논의하고 발의하는 회의체다.

매주 수요일에는 법인사무국과 학교 운영진 '의결회의'를 운영했는데 '기획회의'에서의 발의 사안과 의사결정 사항을 논의하였다. 그리고 매주 금요일 아침에는 전체 교직원 회의를 열어 '의결회의'에서 결론지어진 사항을 전체 교직원에게 전달해야 할 사항과 각 부서별 전체 전달 사항을 모아 전달하였다.

전체회의는 꼭 필요한 회의이기는 하지만 회의에 참석하는 사람들은 심적, 시간적 제약으로 불편함을 느끼게 마련이다. 그래서 회의 방식을 새롭고 독창적인 방법으로 구성하여 진행에 신선함을 도모해 보기로 했다.

그래서 만들어진 것이 'GAT General Assembly for Teachers'다. 이는 이미 학생들 대상의 전교생 조회인 'GA General Assembly'의 교직원용 버전이라는 의미에서 'GAT'로 명하였다.

"어떤 자원을 뽑느냐가 어떤 대학에 보내는가로 직결된다."는 외부의 조언이 있었지만, 그래도 우리는 '학교다운 학교, 교육다운 교육'으로 진정한 교육적 성취를 위해 매진하기로 했다.

전체회의를 열기 위한 또 하나의 문제점은 전체 교직원이 일과 시간 중 같은 시간, 같은 장소에 모이기란 사실상 불가능에 가까운 얘기라는 점이다. 특히 우리 학교는 모든 교사가 각기 다른 수업 시간표를 가지고 있고, 직원들은 또 불시의 고객대응이나 전화 응대 등 업무가 따르기에 더욱 어려운 일이었다. 고육지책으로 나온 아이디어는 업무시간을 피해 진행하되 방과 후도 어려워 결국 일과 시간 이전에 전체회의를 하기로 했다.

하지만 그야말로 모두에게 환영받기는 어려운 얘기였다. 그래서 회의 참석자들에게 필요하거나 유용한 것들을 제공하자는 쪽으로 의견이 모아졌다. 먼저 아침인 만큼 색다른 '아침식사'를 제공하고, '유용한 정보'를 제공하며, 교직 종사자로서 생각해 봐야 할 '교육적 지식과 삶의 지혜'를 제공하는 것이었다.

쉽지 않은 일이었지만 5년이 지난 지금은 거의 완벽하게 정착되었고, 의도했던 대부분의 것이 실현되었다. 회의는 8시 40분 1교시 수업 시작 전 매주 금요일 아침 7시50분으로 하였고, 회의실 '에이스홀'에 간편 조식과 음료, 커피, 과일 등을 준비한다. 메뉴는 급식실 멤버들이 그때그때 심혈을 기울여 준비하고, 회의 시작 전 각자 필요한 양의 먹거리를 들고 회의실에 입장하며 서로 인사를 나눈다. 회의장 입구에는 교장선생님께서 모든 직원을 일일이 맞으며 안부 인사를 건넨다.

이렇게 시작되는 회의는 교감선생님의 인사와 개회선언, 각 부서별 업무 공유사항과 정보사항의 전달, 주요 기관의 전달사항 및 지침들을 교육하는 '정보의 제공' 장이라는 순서로 이어진다. 그러면 대략 10~15분 정도의 시간이 남는데, 교장선생님과 법인의 상임이사님이 격주로 '지혜의 제공'이라는 짧은 특강으로 마무리한다. 교장선생님의 강의는 평소 교사들이 접하기 어려운 해외 교육정보나 교육의 정수나 진수에 해당하는 내용이 주를 이룬다. 상임이사님은 교사들이 접하거나 경험하기 어려운 교육현장에서 도움이 될 수 있는 기업 경영이나 혁신의 사례들, 사회적 이슈가 되는 인물 소개, 사회 현상이나 세상 돌아가는 꺼리가 중심이다.

GAT는 일반 학교에서 쉽게 경험하기 어려운 우리 학교만의 독특한 회의문화이자 프로그램이며 해를 거듭되며 발전하고 있다. 이미 7시 40분이면 많은 선생님들이 에이스홀로 입장하는데 초기에는 배경음악을 깔고 식사를 하는 형태였다. 시간이 지날수록 어렵게 모인 소중한 시간이 아깝다는 생각에 회의 시작 10분 전 국어과에서 그날그날의 시를 선정하여 감상하였다가 교사들이 순번제로 시를 소개하였다.

여기서 또 발전하여 교사들의 숨은 재능이나 속마음, 또는 개인적 관심사, 취미 등의 내용을 공유해 보자는 아이디어로 'CNSA TED Teacher's Educational Diversity'를 진행해 보기로 했다. 형태는 세계적으로 유명한 TED와 유사한 형식이지만 우리 학교 '교사들의 교육적 다양성'으로 끌어내는 자리라는 의미를 부여하였다.

가뜩이나 바쁜 교사들에게 새로운 숙제나 부담을 지우는 것이 아닌가 하는 우려의 소리도 있었다. 하지만 시간이 지날수록 소개되는 다양한 이야기는 정말 흥미진진하고 기다려지는 시간이 되었다. 교직원들의 흥미나 관심사, 취미와 지식, 여행의 뒷얘기나 맛집 소개, 영화나 책이야기, 응원하는 프로야구팀의 PR 등등...100명이 넘는 교원들이 1~2년에 한 번 정도 발표하는 날이 돌아오니 은근히 기대하고 기다리는 상황이 되었다. 우수 발표자에 대한 시상도 있으니, 발표 내용이나 질도 회를 거듭할수록 좋아지는 양상을 보이고 있다.

한걸음 더 나간 GAT는 '이슈 & 포커스Issue & Focus'라는 명칭으로 교내 각 부서나 개인의 입장에서 좀 더 심도 있게 논의하거나 설명, 주장해야 할 사안을 공유, 설명, 전달하는 형태가 가미되어 교장-〉 상임이사 -〉 부서장/개인의 발표로 운영하게 되었다.

매주 금요일 이른 아침은 약 30~40분간 풍성하고 재미있고 유익한 먹거리와 정보, 지혜가 잘 버무려져 보기 드문 화합의 장으로 5년째 이어지고 있다.

이제 CNSA TED는 발표하는 선생님, 그 내용을 듣는 선생님도 즐거운 발표와 경청의 장으로 자리매김하였다.

2장

66일 기적의 용광로에
열정을 태우다

01

교육 청정지역에서
배움을 시작하다

학교 설립을 준비하면서 여러 가지 어려움이 따르겠지만 가장 큰 고민은 학생들에 관한 것이었다. 우리 학교는 대부분의 다른 기업형 자사고처럼 전국 단위로 우수한 학생들을 뽑는 명문고 프로젝트가 아니었다. 그야말로 평범하고 다양한 집단의 학생들이 입학 대상이었고, 이는 교육과정 편성에 있어 무척 중요한 요소로 작용했기에 많은 시간을 할애하여 관심을 가질 수밖에 없었다. 학생 간 학력차나 자라온 환경이 다르면 교수 학습 방법은 물론 인성교육 전반에 대한 고민이 커질 수밖에 없기 때문이다. 그래서 어떤 학교를 만들려고 하는가 하는 점에서 문제가 되곤 한다.

우리는 한마디로 인사를 세계 최고로 잘하는 바른 인성을 가진 아이들이 공부하는 학교, 평범한 아이들을 우량한 아이로 키워내는 학교, 학습보다 건강한 체력을 바탕으로 덕과 지혜를 쌓아 10년, 20년 후에 더욱 빛을 발하는 인재를 키워내는 학교로 만들 것을 기본전제로 삼았다.

그러면 어떤 형태로 학교를 끌어가야 할까? 교육 목표를 달성하고, 학생들을 우리가 목표하는 방향으로 제대로 이끌어가기 위해서는 우선 학생들의 학습과 교육활동에 방해가 되는 부적합한 환경으로부터 차단하고 보호하는 일이 우선이었다.

대부분의 학생들은 중학교 때까지 인성교육이 부재했고, 사교육에 내몰리며, 암기 위주의 잘못된 교육관행과 습관에 젖어 있었다. 게다가 일부는 학교폭력에 시달리기도 했을 것이고, 인터넷 게임이나 과도한 휴대폰 사용 등으로 학습능력도 떨어진다. 공부하느라 책상에만 앉아 있다보니 건강이나 성장도 위축되어 있다. 이러한 잘못된 교육관행과 습관을 바로잡아 새로운 마음가짐으로 학업에 임하게 하려면 어떻게 해야 할까 연구하기 시작했다.

3년간의 고등학교 생활을 잘 마칠 뿐만 아니라 일생을 살아가면서 기본이 되는 태도와 습관을 갖게 해주는 과정이 필요하다고 생각했다. 이 프로그램이 바로 입학 전 일주일부터 시작하여 66일 동안 좋은 습관 형성을 위하여 합숙하는 프로그램

MSMP_{Miracle of Sixty-six days Melting Pot} 즉 66일 기적의 용광로 프로젝트
이다. 이 프로그램이 정말 좋은 과정이고 꼭 필요하다는 데는 이
의가 없었지만 어떻게 학부모와 학생들을 설득하는가 하는 것이
관건이었다.

우리는 개교를 앞두고 이 프로그램을 언제 어떻게 시행할 것인
지를 고민하면서 학부모를 대상으로 입학설명회를 개최하게 되
었다. 당시 김도훈 교감선생님께서 학교교육 과정에 관한 설명을
드리다 "학생들을 핸드폰도 반납하고 일괄 기숙사에 넣어 그동안
의 나쁜 습관을 확 바꿔 학교생활을 하면 금상첨화일텐데…" 하
고 운을 떼게 되었다. 그런데 놀랍게도 여기저기서 학부모님들이
"좋습니다, 그렇게 하면 되지요, 그렇게 해주세요." 하는 반응과
박수가 터져 나온 것이다.

그 일로 학교에서는 이 프로그램을 첫 입학생들을 대상으로 바
로 실행에 옮겨도 되겠다는 자신감을 얻게 되었다.

학생들에게 최적의 교육환경을 제공하기 위해서는 그동안 학
생들의 건강한 성장에 방해가 되는 요소들을 차단하고, 교육하기
가장 좋은 '청정지역화'로 만드는 일이다.

66일 동안의 기적의 용광로 MSMP는 학교를 공부하기 좋은
청정지역으로 만드는 프로젝트이다. 이 프로젝트의 가장 중점 요
소는 학생들의 사고방식이나 습관을 바꾸는 것인데, 이것이 가능

몸에 밴 나쁜 습관, 사교육 의존도, 타율적인 생활 태도를 버리고 규칙적인 단체생활을 통해 기본 질서와 습관을 익히고 친구들과 가까워지는 것이 우리 학교 교육의 출발점이다.

하려면 학생들을 학교에서 통제 가능한 상태에 두어야 한다.

그래서 맨 먼저 선행되어야 했던 작업이 66일 동안 학생들을 기숙사에서 생활하게 하는 일이었다. 66일 동안은 아무리 집이 가까워도 갈 수 없고, 홀로서기를 선언해야 한다. 처음 부모님과 떨어져야 하는 학생들은 두렵기도 할 것이고, 기숙사에서 룸메이트와 지내기가 어색하기도 하겠지만 여기에서부터 잘 적응해야만 다음 프로젝트들이 진행될 수 있다.

학생들이 공부하기 좋은 환경을 만드는데 가장 큰 적은 바로 핸드폰과 컴퓨터 게임, 그리고 인터넷 채팅이다. 우리나라의 첨단 전자기기와 IT 관련 기기는 우리의 생활을 한층 편리하게 업그레이드해 준 것은 사실이다. 또한 우리나라의 경제 발전에도 크게 이바지하여 컴퓨터, 스마트폰, 대형화면의 고화질 TV는 우리와는 뗄 수 없는 생활의 일부가 되었다.

그러나 이러한 생활의 이기는 신체적으로 정신적으로 건강하게 성장해야 할 학생, 특히 자제력이 없는 학생들에게는 도움이 되기보다는 치명적인 해악으로 작용할 소지가 많다.

그래서 1차로 MSMP 기간 중에는 스마트폰을 가지고 학교나 수업에 들어 올 수 없게 했다. 또한 수업시간에 자료를 찾거나 학습활동에 필요한 경우를 제외하고는 개인적으로 인터넷 사용을 금지시켰다. 이는 도서관의 책과 수업시간에 사용하는 교재와 학습 자료에 더욱 친숙하도록 하기 위해서였다. 그리고 학생들에게 IT 관련 능력을 잃지 않도록 테블릿 PC를 지급하여 교사와의 상호작용과 학교 내 정보 교환을 원활하게 할 수 있도록 병행했다.

이런 기기사용을 줄이는 대신 친구들과 소통하고 대화하는 시간을 많이 갖도록 유도했다. 친구끼리는 항상 서로 얼굴을 맞대고 대화하도록 했고, 학생들 사이에서 당연하게 일상 언어화되어 있는 비속어나 욕을 사용하지 못하도록 했다. 욕은 상대방에게 마음에 상처를 줄뿐만 아니라 자신에게도 부정적인 영향을 미치게 된다. 학생들 간에도 서로를 존중하고 고운 말 바른말을 사용함으로써 욕이 없는 깨끗한 학생문화를 구현하고자 했다.

그리고 아예 입학 전에 흡연을 했던 학생들에게는 사전 안내를 통하여 흡연 절대 불가를 선언하여 흡연을 결코 용납하지 않았다. 그동안 선생님, 학부모, 그리고 우리 사회의 어른들이 학생들의 흡연에 대해 갈등이나 관계의 어색함 등을 이유로 지나치게 관대하거나 방관하는 자세로 임해온 것이 사실이다. 한창 성장하는 학생들에게 정신적으로나 신체적으로 결코 좋은 점이 없고 피해가 우려되는 흡연에 대해서는 학생의 장래를 위해서 단호하게 금하도록 메시지를 전하고 엄격하게 규제하였다.

MSMP는 우리 학생들이 이러한 부정적 환경에서 벗어나 청정 교육환경에서 마음껏 상상하고 공부할 수 있도록 하고, 또 부정적인 행동에 영향을 미치는 요소들이나 환경을 사전에 차단하여 이런 행동이 반복되지 않도록 보호하는 역할을 맡은 것이다. 이렇게 함으로써 교육하기에 적합한 청정지역에서 학생들은 열심히 공부하고, 교사들은 긍지와 보람으로 교육할 수 있는 토대를 마련할 수 있었던 것이다.

MSMP는
왜 66일인가

고등학교마다 신입생이 들어오게 되면 학생들이 학교생활에 잘 적응할 수 있도록 오리엔테이션을 통해 학교생활의 전반에 대한 정보를 제공하고 있다. 이 오리엔테이션은 주로 하루나 이틀 정도에 걸쳐 진행되고 있으며, 학교 소개나 위치 정보, 혹은 학교 규정을 소개하는 정도로 진행하고 있다. 이러한 정보들은 온라인상으로도 아주 간단하게 언제든지 접할 수 있기 때문에 군이 학생들을 집합하여 진행할 필요가 없는 것들도 많다.

우리 학교에서는 성공적인 고교생활 입문과정을 입학 초기 66일 동안 진행하게 되는데 이 프로그램이 바로 MSMPMiracle of Sixty

Six Days of Melting Pot이다. MSMP는 2월 마지막 주부터 5월 첫 주까지 66일 동안 진행되는데 이 기간에 기적의 용광로를 만든다는 뜻이 담겨 있으며, 오리엔테이션 프로그램이자 학교 청정화, 좋은 습관 형성 프로그램이기도 하다.

그런데 MSMP는 왜 66일 동안 진행하게 되는 것일까. 우선 영국의 런던대학교 심리학과 연구팀의 조사 결과에 따른 것이다. 그들은 새로운 행동과 습관을 형성하는데 걸리는 시간을 연구한 결과 '평균 66일' 이라는 시간이 필요하다고 발표했다.

우리는 이러한 과학적 근거를 바탕으로 학생들에게 새롭게 형성하기를 바라는 9가지 습관을 제시하였다. 학생들이 지닌 나쁜 습관을 버리고 9가지 좋은 습관이 몸에 배게 하려면 장기간에 걸쳐 집중적인 관심과 노력을 기울여야 좋은 결실을 얻을 수 있을 것이라고 판단했다. 우리는 이 습관이 꼭 형성되었으면 하는 기대와 바람으로 이 프로젝트를 기획하게 되었고 그 기간을 66일로 정하게 된 것이다.

또 다른 하나는 매우 현실적인 이유에서다. 5월 첫 주는 2학기의 반이 지나는 기간이고, 첫 정기고사(중간고사)가 끝나는 기간이어서 66일이 적합하다고 판단하였다.

MSMP는 기본적으로 우리 학교에 입학하는 모든 학생들이 필수적으로 거쳐야 하는 교육 프로그램이다. 이 과정을 거침으로써 학교에서 짜놓은 다른 모든 교육 프로그램을 이수하는 것이 가능하도록 하는 훈련과정이기도 하다. MSMP를 거치지 않고서는 우리 학교의 교육과정이나 학교 프로그램을 정상적으로 받아들이기가 어렵다.

MSMP의 구성은 하지 않는 것과 해야 하는 것으로 구성되어있다. 왜냐하면 중학교까지의 학생들의 생활을 보면 바른 학교생활을 하는데 방해가 되는 생활습관을 갖고 있거나, 꼭 필요한 태도와 자세를 갖추고 있지 못하는 경우가 많기 때문이다.

이 교육의 목적은 고등학교 입학 전까지 각 학생들이 처해 있는 환경이 다르기 때문에 이전에 갖고 있는 어린 아이와 같은 소아적 태도를 버리고 '충남삼성고'라는 울타리 안에서 서로 부딪치고 참고 견디면서 하나의 공동체가 되자는 것과, 교육목표와 교육과정, 그리고 학생생활에 적응하기 위해 갖추어야 할 올바른 태도와 습관을 갖게 해주는 것이다. 특히 새로운 환경에 적응하기 위해서는 이 생활에 적응할 수 있는 훈련 기간이 꼭 필요하다.

신입생들은 66일 동안 의무적으로 기숙사에서 정해진 규칙에 의해서 생활해야 한다. 한 방에는 네 명의 학생이 함께 지내게 된다. 입학생들의 대부분은 한 번도 부모와 떨어져 생활을 해 본 적이 없는 학생들이다. 그리고 가족도 아닌 다른 사람과 같은 방을 사용해 본 적도 거의 없다. 기숙사에서 생활하면서 다른 세 친구

새로운 행동과 습관을 형성하기 위해서는 평균 66일이라는 시간이 필요하다고 한다. MSMP 기간동안 규칙적인 기숙사 생활을 하면서 신입생들은 올바른 습관은 물론 강인한 체력과 정신력을 기른다.

와 좋은 관계를 유지해야 하고, 자신의 생활 구역을 정리하고 청소도 해야 한다. 그래야만 같은 방 학생들에게 피해를 주지 않고 생활할 수 있고, 자신을 스스로 관리할 수 있다.

물론 우리 학교에서는 선생님이 시간표를 정해주는 일도 없다. 학교에서 진행하게 되는 모든 수업은 자신이 스스로 수강 신청을 해야 들을 수 있다. 이러한 우리 학교의 교육과정을 '학생선택 진로별 교육과정'이라고 한다. 그리고 그 시간표의 선택은 자신이 이루어야 할 꿈과 성취할 '업業'에 맞추어 이루어져야 한다. 자신이 자신의 삶에 대한 주인이고, 이를 이끌어갈 사고력과 태도를 갖추지 않으면 학교의 수업에 참여조차 불가능하다.

우리가 지향하는 학교는 '사교육이 없는 학교'이다. 사교육 없이 자신의 실력을 갖추기 위해서는 스스로 공부하는 방법과 태도, 습관을 갖춰야 한다. 자신이 수강한 과목의 수업이 매일 있고, 일주일에 30시간의 수업을 소화해내기 위해서는 철저한 예습과 복습이 필요하다. 오로지 스스로의 계획에 의해 자기 공부를 해야만 가능하다.

중학교 때까지 수동적으로 학습을 해왔던 학생들이 이런 자기주도적 학습과 공부를 해낸다는 것은 결코 쉽지 않은 일이다. 어떤 과목을 어떻게 시간 배분하고, 어떤 교재로 공부할 것이며, 계획한 분량을 다 해내려면 묵묵히 책상 앞에서 엉덩이를 붙이고 버텨내야만 합니다. 이것은 훈련이나 습관으로 만들어지지 않으면 결코 해결할 수 없는 어려운 일이다.

핸드폰은 아예 가지고 들어올 수도 없고, 교내에 인터넷도 도서관 외에서는 사용이 금지 되어 있다. 모르는 것이 있으면 전적으로 학교 안에서 선생님이나 친구들에게 물어야 하고, 자료나 정보는 인터넷 자료보다 도서관의 장서와 도서관에 비치되어 있는 전통적인 종이나 신문에 의해서 습득할 수 있다.

이 66일 동안의 MSMP 과정을 잘 견뎌내면 모든 교육과정과 학교생활이 가능한 자율적인 인간으로 거듭날 수 있다. 그래서 우리는 이 기간 동안 끊임없이 학생들을 관찰하고 격려하면서 이 프로젝트를 수행한다.

MSMP는 고교 입학 첫 기간의 교육을 마치고 끝나는 것이 아니라 계속 이어져서 더 높은 성취로 나가도록 기획된 것이다. MSMP는 우리 학교의 교육목표나 교육과정 운영, 그리고 3년간의 학교생활과 연계되어 있기 때문이다.

우리는 이 교육활동을 통하여 학생들의 생각과 생활의 변화를 확인할 수 있다. 4기에 걸친 학생들을 대상으로 이 프로그램을 실시한 결과 그야말로 학생 스스로에게 만족감을 주었고, 학부모로부터 좋은 평가를 받았다. 이 프로그램의 우수함은 입소문을 타고 여타 학교들에게도 전해져 많은 사람들이 학교를 방문하여 이 프로그램을 벤치마킹하고 있다. 66일의 힘은 아이들에게 작은 기적을 선물한 것이다.

네가 자랑스럽다
교사가 지켜 본 66일의 대장정

김지민 선생님

근 2년이라는 시간을 보내고 전역한 복학생들의 삶을 보면 군대에서처럼 규칙적이지도, 각이 잡혀있지도 않다. 또한 군대에서 부모님 생각만 하면 눈물을 흘렸던 때와는 달리 또 어느새 부모님의 헌신과 사랑에 익숙해진 모습으로 살아간다. 4주간의 훈련기간과 자대 배치 생활을 하며 깨닫고 배웠던 것들은 다 어디로 간 것일까?

MSMP를 수료한 학생들도 크게 다르지 않을 것이라고 생각한다. MSMP를 수료한 모든 학생들에게 있어 MSMP가 삶의 철학이 되거나 인생의 길잡이가 되지는 않을 것이다. 어떤 부분에 있어서는 MSMP 전이나 후나 다를 바 없을 수도 있고, 언제 그런 습관을 들였냐는 듯이 예전 자신 그대로의 삶을 살아가게 될지도 모른다.

그렇다면 MSMP란 무용한 것일까? 그간의 '기적'들은 다 의미가 없는 것일까? 진짜 의미는 다른 데 있다고 생각하며, 66일의 대장정 자체는 아이들에게 '기적'을 선물하는 프로그램이다.

66일 동안 아이들이 맞닥뜨렸던 낯선 밤들과 낯선 공기를 옆에서 지켜보았고, 그들의 눈물에서 도전을 읽어낼 수 있었다. 고등학교라고 하는 이 시스템 자체도 낯선데, 새로운 교육을 선도하겠다고 기치를 내건 우리 학교에서, 부모님과 떨어져 기숙사 생활을 한다는 게 어디 쉬운 일이었으랴. 게다가 빡빡하게 짜인 일정과 규율 속에 자신을 담금질해야 하는 일은 더 더욱 힘든 일이었을 것이다.

나를 제외한 모두가 잘 적응하고, 잘 해나가는 것 같은 느낌 속에서 나만이 도태되어 가고 있다는 불안감마저 엄습한 밤이 많았을 것이다. 중요한 것은 아이들이 그러한 많은 힘든 날들과 불안한 밤들을 이겨내고 66일째 되는 아침을 무사히 맞이했다는 것이다. 제 각자의 온도차는 있었겠지만 포기하지 않았고, 모두가 노력했으며, 무사히 여정을 마칠 수 있었다.

아이들이 이러한 여정에서 배우고 깨달은 것이 지속된다면 더할 나위 없겠지만, 설령 그렇지 못한다고 하더라도 이를 체험해보지 못한 이들과는 큰 차이가 있다고 생각한다. 아이들은 습관을 바꾸려 노력하면 실제로 습관을 들일 수 있다는 것도 알았을 것이고, 자신이 얼마나 부모님께 의존하고 있었는지도 알게 되었을 것이다. 무엇보다 자신이 가지고 있는 한계와 힘, 능력을 깨달을 수 있었을 것이다. 66일의 여정 끝에 발견하게 된 것은 '성취감'이라기보다는 말로 표현하기 어려운, 이렇다하게 드러나지는 않아도 가슴 깊숙이 자리하게 된 '자신감'이 아니었을까?

단기방학을 끝내고 돌아온 아이들에게 '뭐가 가장 좋았니?'라고 물어보면 해마다 변함없이 가장 많이 나오는 대답은 '푹 잔 것'이다. 그만큼 아이들은 MSMP 기간 동안 긴장해 있었고, 피곤했으며, 두 다리 쭉 뻗고 늘어져라 자본 적이 없었다는 이야기다. 그만큼 아이들이 '힘을 들이며' 이 기간을 보내왔다는 뜻이기도 하다.

이즈음에 이런 이야기를 하는 것이 새삼스럽지만, MSMP 66일의 대장정을 끝마친 아이들에게 가장 하고 싶었던 말을 뒤늦게야 전한다.

"고생 많았다. 네가 자랑스럽다. 앞으로 펼쳐질 여정에서 MSMP가 너의 든든한 힘이 되어 줄 거야."

나쁜 습관은 버리고
좋은 습관으로

여러 번 오랫동안 되풀이하면서 몸에 밴 행동을 습관이라고 한다. '세 살 적 버릇이 여든까지 간다', '처음에는 사람이 습관을 만들지만 나중에는 습관이 사람을 만든다'는 속담이나 명구를 알고 있을 것이다. 이것은 모두 습관의 중요성을 말하고 있다.

습관은 버릇을 만들고, 버릇은 성격을 만들고, 성격은 인생을 만든다고도 했다. 그만큼 습관은 우리의 일상을 지배하고, 개인의 성공을 좌우한다고도 하겠다.

우리는 이러한 습관의 중요성을 알기에 입학과 동시에 아이들의 나쁜 습관을 바로 잡아야 기회를 열어줄 수 있다고 생각했다.

그래서 우리는 66일의 MSMP 프로그램을 기획했고 가장 주된 목표가 좋은 습관 형성이었다.

우리는 학생들의 바른생활습관 기르기를 목표로 기본습관, 학습습관, 생활습관 등 세가지 영역에서 총 27개의 실천해야 할 수행과제를 만들었다.

이중 학생들이 지켜야 할 가장 기본습관으로는 시간지키기, 식사예절, 규칙적인 운동 습관을 실천하도록 하였다.

시간지키기는 학교에서의 생활만이 아니라 우리의 일생을 통해서 갖추고 있어야 할 아주 중요한 습관과 태도이기도 하다. 우리 모두가 시간 안에서 살고 있기 때문이다. 시간은 개인의 상황을 봐주지 않는다. 특히 학교는 시간에 의해 움직이는 조직이므로 시간을 잘 지키는 것은 학교 교육의 질을 높이는 가장 중요한 요소다. 50분으로 되어 있는 수업시간에 있어 시간에 대해 엄격한 생각을 갖지 않으면 같은 50분으로 30분도 안 되는 내용을 공부할 수도 있고 50분 이상의 알찬 내용으로 채울 수도 있다.

학교에서의 시간은 한 사람의 시간으로 끝나지 않는 경우가 많다. 만약 내가 시간을 어겼다고 했을 때는 내 시간만 낭비되는 것이 아니라 많은 사람들의 시간을 뺏는 결과를 초래한다. 25명이 모인 반에서 한 학생으로 인해 10분 늦게 수업을 시작한다면, 250분이라는 아까운 시간이 사라진다. 330명이 함께 하는 자리에 어떤 한 사람이 부주의하여 10분 늦게 시작하게 되면 3,300분이 낭비되는데 이것은 55시간에 해당한다. 그렇기 때문에 시간을 잘 지키고 잘 관리할 줄 아는 능력은 학교생활만이 아니라 인생을 성공으로 이끄는 가장 중요한 습관이 된다.

식사예절도 무척 중요한 기초습관이 된다. 함께 식사하는 자리에서 큰 소리로 떠들거나 음식을 씹는 소리를 낸다거나 하는 행동은 다른 친구들의 인상을 찌푸리게 한다. 잔반을 남기지 않고 지정된 장소에서 조용히 식사를 즐긴다면 정말 매너있는 친구가 될 수 있다.

규칙적인 운동도 매우 중요한 기본습관이다. 학생들이 공부에만 매달려 체력단련을 등한시한다면 공부라는 장기전에서 결코 버텨낼 수 없다. 든든한 체력이 뒷받침되어야 공부라는 지구전에서 성공할 수 있다. 운동도 하루 이틀 한다고 체력이 길러지는 것이 아니다. 꾸준하게 습관으로 만들어야 롱런할 수 있다.

이러한 기본 습관 위에 공동체 생활에 꼭 필요한 생활 습관을 갖도록 한다. 이는 학생들의 일상생활에서 지켜야 할 예절이기도 하다.

기본은 우리 학교가 가장 자랑스럽다고 여기는 인사 잘하기이다. 물론 웃어른이나 선생님께 인사 잘하기도 중요하지만 친구들 간에도 무척 중요하다. 예로부터 웃는 얼굴에 침 못뱉는다고 했

1학년 신입생들은 66일간 단 한 번의 외출이나 외박 없이 9가지 좋은 습관을 자신의 것으로 만든다.
기본습관 생활습관 학습습관 등 총 27개의 실천해야 할 수행과제가 있다.

다. 친구들 간에도 웃는 얼굴로 인사한다면 우정도 깊어지고 왕따
는 사라지게 된다.

　고운 말 쓰기도 중요한 습관이다. 지나친 속어나 욕설은 사용
하는 사람의 품격을 떨어뜨리게도 하지만 무엇보다 상대방에게
나쁜 감정을 품게 한다. 오는 말이 고와야 가는 말이 곱고, 낮 말
은 새가 듣고 밤말은 쥐가 듣는다고 했다. 항상 좋은 말, 표준어를

사용하는 것이 좋으며 친구들이 없는 곳에서 헐뜯고 비방하는 일은 삼가해야 한다. 내가 친구의 험담을 늘어 놓을 때 그 친구도 내 험담을 하고 있을 거라는 사실을 명심해야 한다.

선생님과 학생이 함께 만들어 지키기로 한 생활규칙의 준수는 매우 중요하다. 예를 들면, 복장에 대한 매너를 교육하기 위해 월요일과 목요일엔 교복 중 정장과 구두를 신어야 한다. 특히 기숙사 생활에서는 취침시간 꼭 지키기, 주변 정리 정돈 잘하기는 꼭 지켜야 할 예절이다. 함께 생활하는 공간에서 나의 부주의한 행동이 다른 친구에게 피해를 준다는 사실을 잊어서는 안 된다.

기본습관과 생활습관이 제대로 된 후에 학습습관을 갖도록 해 주어야 한다. 자신에게 주어진 시간을 자신의 계획으로 스스로 공부를 해 낼 수 있는 힘을 키워야 한다. 수업시간에 아무 거리낌 없이 졸거나 자는 습관을 버리지 못하고 고등학교에 진학하는 학생들도 많다. 부모님의 지도나 관심이 없으면 공부를 하지 않는 학생도 있다.

좋은 학습습관을 가지려면 우선 학교 선생님을 존경하고 신뢰하는 관계를 맺을 줄 알아야 한다. 그래야만 수업에 대한 올바른 태도와 자세를 바르게 할 수 있다. 그리고 자신에게 주어진 시간을 어떻게 계획하고 실천해야 하는지를 알아야 한다. 이를 위해 스스로 학습플래너를 작성하고, 계획한 플랜은 반드시 지키도록 노력해야 한다. 물론 수업시간에 제출해야 할 과제도 기한 내에 꼭 제출하는 습관을 들여야 하는데, 이때 남의 과제를 도용하는 일은 결코 용납해서는 안 된다. 이런 태도와 습관을 들이기 위해서는 잘 계획된 프로그램과 선생님, 학교 시설을 통해 훈련 받도록 한다. 가장 중요한 것은 하루에 몇 시간 이상은 책상에 앉아서 공부하는 습관을 갖게 해주고자 노력하는 일이다. 학교는 공부하는 곳이기 때문이다.

이 MSMP 기간 동안 우리 학교에서는 이러한 습관형성을 위해 엄청난 노력을 기울인다. 이 프로그램의 성패가 이 습관형성에 있기 때문이기도 하다. 이렇게 형성된 학생들의 습관을 바탕으로 더욱 성숙한 교육활동이 이어질 수 있다. 이 기간 동안 여전히 형성되지 못한 습관들은 지속적인 관심과 지도로 자연스럽게 체득할 수 있도록 지도해 나갈 것이다.

좋은 습관만들기의 일환으로 추진된 MSMP는 체-덕-지의 조화로운 인간을 육성한다는 우리 학교의 교육적 신념을 잘 보여주고 있다. 학생들이 학교에 첫 발을 들여 놓은 후 66일간의 노력으로 전과 다른 사람으로 변하였다는 것 자체가 큰 기적이다. MSMP는 기초적인 생활 습관을 기르는 매우 우수한 교육 프로그램이라는 것을 잘 말해주고 있다.

버리니 얻는 게 더 많아요
66일 동안 좋은 습관들이기

임효진

학교에 입학하기 전 내가 가장 먼저 걱정했던 것은 부모님도 사교육의 부재도 아닌 MSMP였다. 사실 나와 친구들 사이에서는 'MSMP를 견디지 못하고 자퇴하는 학생들이 해마다 두세 명씩은 나온다더라'는 괴담이 있을 정도로 악명이 높았다. 소문뿐만 아니라 재학 중인 선배에게 MSMP에 대해 물어보면 "자퇴하고 싶을 거다", "피똥 쌀 거다"와 같은 부정적인 답변부터 나오기 일쑤였다. 온갖 경우의 수와 대비책을 머릿속에서 시뮬레이션해보았지만 걱정은 커졌고, 어느새 나의 MSMP 생활이 시작되었다. 걱정과는 달리 MSMP 생활은 그리 험난하지도 않았고, 오히려 내 인생에 큰 도움이 될 3가지 습관을 만들어 주었다.

　내게 형성된 가장 좋은 습관은 일찍 일어나기였다. 첫날 오리엔테이션 때 모닝스파크 기상이 6시 20분에 시작된다는 이야기를 듣고 평소 잠이 많아 7시 기상도 힘들어했는데 어떻게 일어나야 할지 걱정이 앞섰다. 하지만 기상송을 듣고 일어나 기숙사 룸메이트끼리 서로 격려해 주며 첫 모닝스파크를 마치고 나니 할 만하다는 생각이 들었다. 이런 생활이 반복되면서 일찍 기상하는 습관이 몸에 배어 기상시간도 점점 빨라졌고, 원래 기상시간 보다 20분이나 빠른 6시에 일어나 충무관으로 향하는 부지런쟁이가 되었다.

다음으로 생긴 좋은 습관은 밝게 인사하기다. 사실 중학교 때는 반에 친한 친구가 한두 명 밖에 없을 정도로 사교성이 없었다. 중3 때 한 친구가 별로 친하지 않은 친구가 자기에게 인사하는 것이 거슬리고 짜증난다는 내용의 뒷말을 엿들은 뒤로는 잘 모르고 친하지 않는 친구에게 인사하는 것에 두려움을 느꼈고 친구를 사귀는 것이 더 어려워졌다.

그런데 우리 학교에 와보니 선생님과 직원 분 그리고 외부 손님뿐만 아니라 선후배 간 인사, 친구들 간의 인사를 강조하며 인사하는 습관을 가르쳤고 인사를 무척 중요히 여기고 있었다. 처음에는 모르는 친구들에게 인사하는 것이 어색하고, '저 친구가 날 이상한 애라고 여기면 어쩌지' 하는 걱정도 들었다. 하지만 인사가 반복될수록 처음에는 어색하게 인사를 받아주던 친구들도 점점 환하게 웃으며 안부를 묻게 되었다. 그러다 보니 친한 친구들이 많이 생겼고, 내가 속한 수업뿐만 아니라 다른 수업의 친구들도 많이 사귀게 되었다. 지금 생각해 보면 친구들과 함께 식사시간에 밥도 같이 먹고, 좋아하는 애니메이션을 서로 추천해주고, 관심사가 같은 친구들끼리 동아리를 만들어 함께 활동하며 MSMP 생활을 보냈기에 힘들지 않다고 느낀 것 같다.

마지막은 인터넷 사용 습관이다. MSMP를 시작하기 전에는 인터넷 중독이라고 할 정도로 그 의존도가 높았다. 밖에 나갈 때에도 와이파이가 잘 안 터지면 불안했고, 집에서 뿐만 아니라 등하굣길에서까지 스마트폰을 붙잡고 트위터와 웹툰을 보았다. 버스가 떠나는 줄도 모른 채 스마트폰을 들여다보다 지각할 뻔도 했고, 부모님과도 대화 대신 트위터만 보느라 갈등이 생기기도 했다. 뿐만 아니라 시험 전날까지 인터넷으로 애니메이션을 보느라 시험공부를 제대로 하지 못해 시험을 망친 적도 있었다.

그렇게 인터넷 없이 못 살 것 같던 내가 MSMP를 통해 올바른 인터넷 사용 습관을 가지게 된 것이다. MSMP를 시작한 첫 삼 주 동안은 인터넷 금단 증상으로 많이 힘들었다. 습관적으로 인터넷에 접속하려다 연결이 안 된다는 사실에 절망하고 밀린 웹툰과 트위터의 타임라인이 생각나 괴로웠으며 애니메이션이 보고 싶어 죽을 것만 같았다. 인터넷에 목마른 것은 나뿐만이 아니었다. 그 3주간은 친구들도 만날 때마다 인터넷하고 싶어 죽겠다는 이야기를 하곤 했다.

이 학교에 괜히 들어왔나 생각하며 원망했던 3주가 지난 뒤 신기하게도 점점 인터넷에 대한 욕구가 사라졌다. 친구들과 대화할 때도 인터넷 이야기 대신 관심사나 취미 같은 개인적인 이야기와 학습 내용이나 희망 대학 같은 조금은 진지한 이야기의 비중이 늘었다. 전에는 친구의 꿈이 무엇인지, 무슨 음식을 좋아하는지, 생일은 언제인지조차 몰랐는데 지금은 서로 친구의 꿈을 응원하고 자신의 진로에 대한 고민을 털어놓기도 한다. 소소하게나마 생일도 챙겨주면서 친구에 대해 더 잘 알게 되었다. 이 뿐만 아니라 석식시간마다 친구들과 농구를 하면서 기술을 익히고 팀워크도 다지며 체력을 길렀다. 즐겁게 경기하면서 고등학교 시절의 특별한 추억을 만들 수 있었다.

만약 아직도 MSMP가 힘들다고 생각하여 진학을 망설이는 학생이 있다면 이렇게 말해주고 싶다.

"MSMP? 그거 별거 아니야. 장담하건대 나중에는 MSMP 수료하길 잘했다는 생각이 들 걸?"

기숙사 생활로
자기주도적 삶을 산다

고등학교에서 기숙사를 운영한다는 것은 학교 관리자의 입장에서는 무척 부담이 크다고 하겠다. 학교가 결국 24시간 돌아가야한다는 것을 의미하므로 어떻게 보면 두 개의 학교를 운영하는 것 이상으로 신경이 쓰이는 일이다.

학생들의 수업과 교육활동을 위한 시설과 인력을 확보하고, 교육 프로그램을 준비하고, 절차나 규칙에 맞게 운영하는 일은 결코쉬운 일이 아니다. 여기다 기숙사를 운영한다는 것은 학생들의 삼시 세끼를 준비해야 하고, 편안한 잠자리에다 자신의 몸을 씻어야하고 옷을 세탁하는 등 모든 생활 문제를 학교에서 준비해야 한다는 것이다. 이것은 학교 교육과정을 운영하는 것과는 다른 차원에서의 관리 역량이 필요하다.

학교 운영상 어려움이 따름에도 불구하고 기숙사를 운영하기로 결정할 때는 이에 대한 분명한 교육적 목적이나 교육 철학을 세워야 한다. 공부 잘하는 학생들의 면학 분위기 조성을 위한 용도이거나, 원거리 학생을 유치하기 위한 목적으로만 기숙사가 운영되어서는 안 될 것이다.

기숙사를 운영하기 위한 목적은 기본적으로 학교가 추구하고 실현하려는 교육목표를 더 잘 이루기 위한 분명한 의도와 의지가 있어야 한다. 기숙사가 없다고 하여 학교의 교육목표를 이루는 일이 불가능한 것은 아니다. 하지만 우리 학교는 기숙사 운영을 통해 학교가 길러내고자 하는 인재상에 더 가까운 교육을 실천하는 것에 우선 관심을 두었다는 것이다.

기숙사를 운영할 때 기대할 수 있는 효과는 몇 가지가 있다.

첫째, 교육목표를 구현하는 교육 공간에 24시간 학생들이 머물게 함으로써 비교육적 환경에 노출되는 것을 최소화할 수 있다.

둘째, 일상생활에서 부모님의 도움을 받을 수 없게 됨에 따라 스스로 관리할 수 있는 힘을 기르게 되고, 스스로의 판단과 결정에 의한 자기주도적 생활을 하게 된다.

셋째, 배정된 룸메이트와 한 학기나 한 학년 동안 함께 공동생활을 함으로써 인간관계를 맺는 능력과 태도를 기를 수 있다.

넷째, 가족과 떨어져 있으면서 부모님에 대한 감사한 마음과 형제자매에 대한 우애가 깊어질 수 있는 계기가 된다.

다섯째, 기숙사 내에서의 규칙 준수와 공동체 생활을 통하여 사회 규범과 시민의식을 갖게 된다.

이 밖에도 통행시간을 단축하여 효율적으로 시간을 활용할 수 있고, 불필요한 소비를 하지 않는 등 기숙사 생활은 여러 면에서 장점이 많다.

우리 학교는 전교생이 천 명이 넘지만 기숙사 수용인원은 600명으로 약 60%만이 기숙사 생활을 할 수 있다. 기숙사의 운영 방식은 '의무·선택제'이다. 1학년은 전원 의무로 기숙사 생활을 해야 하고 2, 3학년은 선택적으로 기숙사에 입소할 수 있다.

처음에는 기숙사 운영을 어떻게 해야 할까 논의도 많았다. 만약 3개 학년 중 한 학년을 기숙사에 의무적으로 배정을 해야 한다면 몇 학년을 배정하는 것이 바람직할까도 고민했다.

그동안 많은 학교들은 효과적인 진학 지도와 자습시간 확보 차원에서 3학년이나 성적이 우수한 학생에게 먼저 기숙사를 배정하고 있었다. 하지만 우리 학교는 그 선택을 1학년으로 하자고 결정했다. 1학년 360명 전원을 기숙사에 의무 배정하고, 남은 기숙사 250실을 2, 3학년 기숙사 입소 희망자 중 원거리 거주 학생을 우

4인1실 기숙사 생활은 대부분 학생들에게 낯설고 힘들지만 스스로 할 일을 해 나가는 법, 친구들과 함께 살아가는 법을 깨우쳐 가는 또다른 기회가 된다. 물론 1학년은 전원 입소해야 한다.

선 배정하는 방식으로 운영하기로 한 것이다.

1학년 전원 입소를 결정한 이유는 간단하다. 입학하여 첫 고교 생활을 하게 되는 1학년 때에 3년 동안 학교생활에서 필요한 역량, 사회에 나가기 위해 갖추어야 할 인성적 역량을 제대로 지도 하고 배우게 하기 위해서이다. 학교에서 길러내고자 하는 인재상 에 부합하는 인성을 길러내기 위해 꼭 필요한 습관과 태도를 갖출 수 있도록 하기 위해서다. 우리 학교의 교육목표인 자율 창의 품격을 학교생활에서 구체적으로 실현시키고 그리하여 이 세 가지 특징이 내면화되도록 하기 위한 의도가 담겨 있는 것이라고 하겠다.

기숙사는 자고 씻는 숙박의 기능만을 수행하는 장소가 아니라 자율 창의 품격을 갖춘 인재로 성장하기 위한 기초 생활 습관을 교육하는 중요한 교육의 장이다. 우리는 이에 걸맞게 기숙사를 인재관人才館이라고 명명했다.

1학년은 기숙사 생활을 처음해 보는 학생이 대부분이다. 부모의 도움 없이 스스로 자신의 생활을 판단하고 관리하는 첫 경험을 하게 되는 것이다. 더우기 MSMP 기간인 첫 66일 동안은 주말에도 집에 가지 않고 학교에서만 생활해야 한다. 자신이 입는 옷에 대한 세탁과 정리, 자신이 사용하는 방에 대한 청소와 정돈 등한 번도 해보지 않았던 일들을 해 나가면서 자신의 일상생활에서 부모님의 도움을 받았던 일들이 무엇이었는지도 깨닫게 된다.

자신에 속한 것들에 대한 관리를 처음으로 해보게 되면서 부모님에 대한 고마움을 자연스럽게 느끼게 되고 이 마음을 말과 행동으로 조금씩 표현할 줄 알게 된다.

이것은 부모에게서도 비슷한 효과가 나타난다. 눈을 뜨면 보였던 아들, 딸의 익숙한 모습을 볼 수 없게 되면서 자녀에 대해서 다시 한 번 생각해보는 기회가 된다. 부모가 자녀를 객관적으로 바라보게 되면서 내 아들딸이 어떤 특징이 있고, 어떤 장점이 있으며, 어떤 점이 부족한지도 생각해 보게 된다. 그러면서 부모는 자녀에게 무엇을 어떻게 해주는 것이 옳은 일일까를 깊이 생각하게 되는 것이다.

이처럼 기숙사 생활은 독립된 성인으로서 자기관리 능력을 갖게 됨과 동시에 부모와 자녀가 서로에게 소중한 존재임을 확인할 수 있는 계기가 된다.

학교에서는 학생이 기숙사 입소 후 66일 만에 처음 집에 가게 되는 날, 이런 소중한 부모와 자녀관계가 더 잘 형성되어 질 수 있도록 특별 수행 과제를 준다. 반드시 학생 자신이 장을 보고, 스스로 식재료를 정리하고 조리하여 저녁 식사를 준비하게 한다. 부모님께 한 끼의 저녁식사를 대접하게 하는 것이다.

물론 학생들은 66일 기간 중 필수 이수과목인 가사 시간을 통해 최소 네 가지 이상의 음식을 조리하는 실습을 하기 때문에 큰 문제는 없다. 집에 오면 맛있는 음식을 사줘야지 했던 부모는 뜻밖의 만찬 초대로 가족 간 깊은 정을 나누게 되는데 그 기쁨은 이루 말할 수 없을 정도라고 한다.

기숙사 생활에서 빠져서는 안 될 교육이 자신의 공간을 정리 정돈하는 일이다. 자신의 물건을 정해진 자리에 정리 정돈하여 필요할 때 바로바로 찾아 쓸 수 있게 하고, 퇴실할 때 자신의 짐을 빠짐없이 정리하여 바로 이동할 수 있게 하는 것을 배우는 것도 무척 중요한 일이다.

우선순위 Priority Management에 관한 한 연구를 보면 사람들은 자신의 물건을 어디에 두었는지 몰라서 필요할 때 그것을 찾는데만 약 1년이라는 시간을 소비한다고 한다. 이동하기 위해 자신의 짐을 정리하고 또 짐을 싸고 자신에게 꼭 필요한 물품이 무엇이고, 그다지 필요하지 않은 물건이 무엇인지에 대한 판단을 할 수 있는 능력도 부수적으로 얻게 되는 것이다. 자신의 공간을 어떻게 구성하고 정리할 것인지는 성인의 삶에서 꼭 필요한 준비과정이라 할 수 있다. 자신에게 주어진 일정한 공간에 필요한 물품과 학습 자료를 배치하고 정돈함을 통해 내가 갖고 있는 것에 대한 우선순위와 활용빈도에 대한 감각을 익히게 되는 것이다.

기숙사 생활은 몰랐던 친구와 잘 지내는 법도 배우게 된다. 그런 것을 몰라서는 기숙사 생활 자체가 어렵기 때문이다. 수업을 마치고 집으로 돌아가는 학교생활을 하면 친구들에게 자신의 일부 모습만을 보이게 되지만, 기숙사 생활은 모든 모습이 드러날 수밖에 없다. 처음으로 가족이 아닌 사람과 함께 먹고 생활하고 자는 경험을 하게 되면서 나 자신이 불편하기도 하지만, 내가 상대방에게 불편을 끼치게 된다는 것도 느끼고 체험하게 된다.

기숙사는 한 실에 네 명이 생활하도록 설계되었다. 불편함을 덜어주기 위해 화장실이 달린 샤워실을 각 실에 두 개씩 배치하여 2인이 사용하는 것과 같은 환경을 조성하였다.

2인 1실로 해도 되는데 군이 4인으로 구성한 이유는 뭘까. 2인 1실로 생활하게 되면 갈등이 생기거나 어려운 일들이 생겼을 때 중재자도 없고 답답한 관계를 호소하기도 어려워 그야말로 그 학기는 고통과 번민 속에서 지내게 된다.

그러나 4명이 되면 두 사람만이 있을 때 겪을 수 있는 갈등을 해결하는 중재자가 생기기도 하고, 나와 다른 세 사람의 삶을 보면서 좋은 영향을 주고받을 수도 있다. 나와 다른 생활 방식을 갖고 있는 다른 세 명의 삶을 보면서 어떻게 해야 이들과 잘 지낼 수 있을까를 생각하게 되고, 나름대로 인간관계를 맺어가는 방식을 하나하나 배워가게 된다. 함께 있는 공간이기 때문에 무엇을 자제해야 하고, 무엇을 고쳐야 하는지 고민하면서 자제력을 함께 길러갈 수 있는 것이다.

기숙사인 인재관은 주인이 자신이라는 것을 깨닫게 해주고, 자신이 타인에 의해 관리되는 것이 아니라 스스로 관리할 줄 아는 인간을 만드는 것이 목표다. 또한 타인에 대한 배려와 공동체의식이 생기게 하고, 함께 살아가는 지혜를 터득하게 하여 바람직한 품성과 품격을 지니게 하는 또 다른 교실이 되는 것이다.

인재관에서 미래 인재로
기숙사 생활에서 얻은 것

남예원

우리 학교 1학년은 전원 기숙사 생활을 하게 된다. 처음 보는 친구들과 함께 생활해야 한다니 걱정이 앞서기도 했지만, 친구 사귀기를 좋아하고 어울리는 것을 좋아하던 나는 설렘과 기대가 더 컸다. 밤이면 룸메이트와 모여 학교생활에 대한 이야기도 나누고 맛있는 것도 먹다보니 저절로 친하게 되었고, 아침이면 서로 깨워주고 힘든 아침 운동을 함께하다 보니 더욱 깊은 사이가 되었다. 하지만 기숙사 생활은 지금까지 너무나 다르게 살아온, 다른 성격과 개성을 가진 친구들이 모이다 보니 가끔 부딪히는 일이 더러 생기곤 한다. 다른 사람과 함께 사생활, 일상생활을 공유한다는 것이 어려운 일이구나 깨닫기도 했다.

우리 학교에는 '베스트 크리닝 룸Best Cleaning Room'이라는 호실 정리 시스템이 있다. 매일 정리정돈을 확인하고 우수한 호실에는 시상을 하고, 이를 충족하지 못하면 횟수에 따라 벌점을 부여하는 제도이다. 그래서 룸메이트들은 각자의 자리뿐만 아니라 화장실, 신발장 등을 함께 깨끗하게 정리해야 한다. 그러다 보면 가끔 다툼이 생기는 경우도 있는데 그럴 때는 서로를 배려하고 양보하는 것이 가장 중요하다고 느꼈다. 우리는 이러한 기숙사 생활과 BCR을 통해 공동체 의식도 함양하고 예쁜 우정도 쌓아갈 수 있었다.

매일 같은 시간에 점호를 진행하게 되는데 이때는 시간을 지키기 위해 노력하게 되고, 아침까지 계속되는 사감선생님들의 순회를 통해 우리의 안전을 보장받을 수 있어 안심할 수 있었다.

기숙사 내에는 학습이 가능한 분산 면학실이 있다. 면학실은 12시 20분까지 이용할 수 있다. 호실은 일찍 소등하기 때문에 기숙사 면학실을 이용하는데, 주로 새벽 공부가 몸에 밴 우리 룸메이트들은 12시 20분 마감시간과 맞지 않아 몰래 호실에서 스탠드를 켜고 공부하곤 했다. 하지만 새벽에 공부하다보니 생활패턴이 엉망이 되어 학교 일과 중 컨디션이 좋지 않았다. 좋지 않은 공부 습관을 바꾸기 위해 다시 기숙사 면학실을 이용하였고 꾸준히 하자 올바른 습관을 갖게 되었다. 장기적이고 주도적인 학습을 진행할 수 있게 되었을 뿐만 아니라 일찍 잠을 자게 되니 건강도 좋아졌다.

기숙사 생활에서 가장 힘든 부분이자 도움이 되는 모닝스파크는 1년간 진행하는 아침 운동 프로젝트다. 6시 40분부터 7시 40분까지 스트레칭을 포함 단체 줄넘기, 1500m 달리기, 하버드 스텝, 셔틀런, 사이드 스텝 등 다양한 운동을 한다. 체력이 약했던 나는 체육시간에 운동장 달리기를 하면 항상 멀리 뒤처졌는데, 아침 운동을 두 달 정도 한 후에는 체력이 많이 늘었다는 것을 느꼈다. 1년 후의 건강한 나를 기대하며 더욱 열심히 모닝스파크에 참여하고 있다.

기숙사 생활에서는 허용된 몇 가지의 식품을 제외하고는 음식을 반입할 수 없고, 세 끼 모두 학교 급식으로 해결하기 때문에 인스턴트 음식을 멀리하게 되어 건강한 식습관 또한 기를 수 있었다. 이렇듯 기숙사 생활을 통해 우정, 좋은 공부 습관, 건강을 얻을 수 있었다.

우리 학교의 기숙사는 인재관이라고 부르는데, 이를 통해 큰 사이언 모두가 진정한 인재로 빛날 수 있을 것이라 생각한다.

MSMP의 출발
큰 아이와 작별하다

1기 학생들이 입학하고 처음 이 66일 기적의 프로젝트를 실험대에 올렸을 때이다. 우리는 이 기적의 용광로 프로젝트가 끝나는 날 우리가 원하는 성과를 거둘 수 있을까 무척 걱정스러우면서도 설레기도 했다. 처음 시도해보는 MSMP에 대해 교사들이나 직원들이나 낙관하기 어려웠지만 우리는 약간의 확신이나 자신감도 있었다.

집을 떠나는 것이 처음인 학생들이었기에 66일간의 단체 기숙사 생활은 결코 쉽지 않은 도전임에 틀림없었을 것이다. 삼성그룹의 신입사원 입문교육은 3주, 논산훈련소의 신병훈련 기간도 5주에 불과하다. 하물며 청소년기 학생들이 체감하는 66일이라는 기간은 성인이라면 100일 정도로 느껴질 수 있었기에 몇 명 정도는 낙오자가 생길 것이라 예상하기도 했다. 그러니 프로그램 자체를 끝까지 운영하는 것만 해도 대단한 일이라는 의견도 있었다.

MSMP는 이를 처음 시도하는 교사들에게도 큰 도전이었기에 우리는 더욱 신중했고, 성공 확률을 높이기 위해 다양한 방법을 고안해내지 않을 수 없었다.

우여곡절 끝에 개교하여 1기 학생들을 맞았다. 우리는 야심차게 MSMP를 실천하겠노라 학부모와 학생들에게 선언했다. 모두가 긴장했다. 이제 물러설 수 없었기에 우리는 힘차게 첫발을 내디뎠다.

MSMP는 입학 이전부터 시작된다. MSMP의 전초전이라고 할 수 있는 1, 2차 드림스쿨 기간을 거치는 것이다. 기숙사에 입소한 학생들이 학교를 이해하고, 순조로운 기숙사 생활에 적응하기 위한 예비 프로그램에 참여하게 되는 것이다.

낯선 공간에서 새 친구들과 기숙사 생활을 시작한 학생들은 매일 아침 6시면 일어나야 하고, 체육관에 모여 아침 운동으로 하루 일과를 시작한다. 이후 학생들은 총 15개의 담임반으로 나뉘어 선생님과 급우들의 얼굴을 익히게 된다. 다음 팀을 이뤄 3년간 생활하게 될 학교의 구석구석을 누비면서 자신이 어떻게 이 학교의

드림스쿨은 MSMP를 앞두고 시행하는 학교적응 프로그램이다. 학교생활을 미리 맛보며 친구들, 선생님과 친교를 다지게 되는데 마지막 날은 사제가 하나 되는 촛불행사가 펼쳐진다.

일부로 동화되어 생활하게 될지 각자의 노트에 옮겨 담는 학교시설 익히기 프로그램을 진행한다. 학교생활이나 수업은 스마트 스쿨 시스템을 활용하게 되는데 각자 앞으로 사용하게 될 갤럭시 탭을 무상으로 지급받게 된다.

학교 교육과정에 대한 강의를 듣게 되고, 적성검사 결과와 자신의 진로 계획을 감안하여 지급받은 태블릿 PC로 학교생활의

한 획을 긋는 1학기 수강신청을 하게 된다.

어떤 날에는 팀을 나누어 국내 주요 대학이나 연구소로 견학을 다녀오기도 한다. 저녁에는 한방에서 동고동락하는 룸메이트와 견학 다녀온 이야기로 웃음꽃을 피우기도 한다. 물론 인성함양을 위해 지역기관에서 실시하는 봉사활동에 참여하는 일도 빼놓을 수 없다.

1차 드림스쿨의 백미는 뭐니 뭐니 해도 마지막 날 밤에 열리는 드림 페스티벌이다. 짧은 시간이지만 팀별 장기자랑이 이어진다. 이때는 새로운 학교와 친구들에 대한 부푼 기대감을 신나는 노래와 멋진 율동에 담아 자신의 끼를 한껏 발산하게 된다. 이에 화답하듯 교사들의 연주와 노래가 이어지고, 그렇게 교사와 학생은 자연스럽게 하나가 된다.

이어 사제가 하나가 되어 마음과 마음을 전하는 숭고한 의미의 촛불행사가 펼쳐진다. 양초 하나에서 시작된 촛불은 모든 친구들의 손을 통해 300여 개의 촛불로 이어지는데 그야말로 감동이며 장관이 연출된다. 앞으로 본격적으로 전개될 학교생활에 대한 기대와 소망을 담아 영롱한 불빛으로 밤하늘과 교정을 수놓게 되는 것이다.

모든 행사를 마치고 기숙사로 향하는 학생들에게 또 다른 감동이 기다린다. 기숙사 창문에 불빛으로 수놓은 2개의 하트 모양이 학생들을 맞는다. 다시금 학교와 친구, 선생님에 대한 사랑을 되새기게 한다.

2차 드림스쿨은 입학식을 치르기 전 한 주 동안에 이루어진다. MSMP 오리엔테이션, 학생 자치임원 선출, 동아리 모집, 명사 특강, 스마트 스쿨 시스템 교육 등으로 본격적인 고교생활 준비를 완전히 마무리 짓게 된다.

MSMP 오리엔테이션에서는 MSMP가 좋은 습관을 만드는 프로그램임을 강조하고, 학생들에게 어떤 습관이 필요한지, 왜 습관형성이 중요한지, 왜 66일인지에 대해 진지하게 설명하고 꼭 실천해야 할 프로그램임을 강조한다.

기초습관(시간 준수, 식사예절, 규칙적 운동)과 생활습관(인사 잘하기, 고운말 사용하기, 질서 지키기), 학습습관(학습 플래너, 바른 학습태도, 성실한 과제수행)의 중요성에 대해서는 학생들 모두가 잘 공감했지만, 특별한 사정이 없는 한 공식적인 외출·외박이 없는 66일을 어떻게 지내야 할지에 대해서는 모두들 엄두를 못내고 긴장하는 표정이 역력했다.

이 기간에는 특별한 명사 특강이 있다. 국내는 물론 국외의 유명 석학을 초청하여 강연을 듣는다. 이때의 명사초청 특강은 고교입학이란 새로운 출발선에 선 학생들에게 자신만의 목표를 다시금 생각해 보는 기회가 된다.

1기에는《유대인의 성공코드 Excellence》의 저자이자 세계적 창의 교육 전문가인 글로벌 엑셀런스 Global Excellence의 대표 헤츠키 박사의 특강이 있었다. 학생들은 이스라엘 교육의 우수함, 어릴 때부터 질문하는 습관, 유대인의 노벨상 수상 실적 등을 듣고 꿈의 무대를 한국이 아닌 세계로 향할 것임을 다짐하는 시간이 되었다.

첫 GA General Assembly(전체조회) 활동은 모든 교사와 학생이 자리를 함께하는 행사다. 학생들은 말끔하게 정복을 차려입고 갤럭시 홀에 자리하여 입장하는 선생님들께 큰 박수를 보낸다. 정식으로 모든 선생님들과 상견례를 하는 것이다.

선생님들도 모든 학생을 존중하는 말과 행동으로 행사를 진행한다. 의도적으로 예의와 절도를 강조하면서 학교의 주요현황과 소식을 공유하고 서로를 격려하는 GA 활동은 향후에도 교사와 학생 간 존중을 바탕으로 하여 학교의 품격을 드높이는 역할을 하게 된다.

GA 이후에는 학생들의 자율행동이 이어진다. 스스로 학급 임원을 선출하고, 희망하는 동아리를 조직해 회원을 확보하면서 무엇을 할지, 어떻게 할지, 스스로 생각하고 실천하는 연습을 시작하게 되는 것이다. 기숙사에 입학한 이상 더 이상 부모님의 보살핌을 받을 수 없는 학생들이 어엿한 성인으로 자립하기 위한 첫 걸음을 떼기 시작하는 것이다.

입학식 전야제에는 '사복 발송' 행사가 진행된다. 이는 1년간의 의무 기숙사 생활이 본격적으로 시작됨을 알리는 서곡과도 같다. 군 훈련소 입소를 통해 나라를 책임질 훈련병으로 거듭나는 것처럼 더 이상 중학생이 아니라 어엿한 고교생으로서의 각오를 다지자는 의미로 기획된 프로그램이다.

학생들은 MSMP 입소 당시 입었던 자신의 옷을 고이 접어 상자에 담는다. 물론 여기에는 부모님께 보내는 편지를 써서 함께 동봉하게 한다. 이 과정에서 학생들은 본격적인 학교생활의 출발에 대한 각오를 다지게 되고, 부모님에 대한 감사와 사랑을 되새기는 시간을 갖게 되는 것이다.

이 행사는 당연히 부모님도 자녀에 대한 생각을 진지하게 갖게 하는 계기가 된다. 자녀의 옷과 편지를 전해 받은 부모님은 안쓰러움과 애틋한 마음에 눈시울을 붉히기도 하지만, 대견함과 독립적인 한 인간으로 자녀를 대해야겠다는 마음을 가지게 한다.

세족식으로
완성하다

66일이라는 험난한 MSMP 여정의 막바지에 이르면 학생이나 교사 모두가 고된 일정에 지치고 힘이 다하게 된다. 그러다 보니 이모든 과정을 잘 이겨내고 수료식을 앞둔 자랑스러운 학생들에게 진심어린 격려와 애정을 전해줄 방법이 무엇인지 고민하였다.

한 단계 성숙하고 의젓해진 제자들에게 어울리는 선물은 무엇일까? 고심 끝에 의견이 모아진 것은 바로 세족식이었다. 처음에는 약간의 걱정도, 우려도 있었지만 결론적으로 우리는 세족식에 숨은 커다란 의미를 찾게 되었다.

"세상에는 두 부류의 선생님이 있다. 이는 세족식洗足을 경험한 선생님과 세족식을 경험해보지 않은 선생님이다"는 농담을 할 정도로 우리는 세족식의 의미를 높이 평가하게 되었다.

세족식은 타인의 발을 씻어주는 예식이다. 세족은 원시시대부터 전해오는 정결문화의 하나로 그것이 승화되어 육체의 정결뿐 아니라 정신의 세척, 영혼의 정결로까지 이어졌다.

기독교에서도 예수께서는 최후의 만찬에서 겉옷을 벗고 수건을 가져다 허리에 두르시고 대야에 물을 담아 12제자의 발을 씻기셨다. 유대인은 잔치에서 주인이 손수 손님의 발을 씻겨준다고 한다. 이러한 유래에서 볼 때 세족식은 스승으로서 제자를 섬기는 마음에서 비롯되었다고 하겠다. 내가 너의 스승으로서 네 발을 씻겼으니 너 또한 다른 사람을 이러한 마음으로 대하기 바란다는 의미가 담겨있다는 것이다.

처음 세족식을 하자는 의견이 모아졌을 때 일부 교사들 사이에서는 종교적인 색채가 짙다, 부모님께도 해드린 적 없는 다소 부담스런 스킨십이다, 오히려 학생들과 껄끄러워지는 것은 아닐까 우려하는 목소리도 있었다.

하지만 66일 동안 어긋남 없이 MSMP 과정을 무리 없이 받아들여준 제자의 발을 어루만지며, 그간의 수고로움을 위로해주고 싶다는 선생님들의 애틋한 마음을 막을 수는 없었다. 다만, 학생이나 교사가 부담을 느끼는 경우에는 학생의 발 대신 손을 닦아주자고 의견을 모았다.

처음 세족식을 하게 된 날, 교사들의 부담감, 긴장감, 두려움, 고민은 이만저만이 아니었다. 그 와중에 학생들의 반응은 어떨까 궁금증도 생기고 설렘이 없는 것도 아니었다.

세족식은 갤럭시 홀에서 진행되었다. 무대에는 15명의 담임선생님과 15명의 학생들이 마주 앉을 수 있도록 의자와 세숫대야를 V자 형태로 가지런히 놓았다. 은은한 조명이 비추는 가운데 차분한 음악이 한결 더 분위기를 업그레이드했다.

엄숙하고 경건한 가운데 세족식이 시작되었다. 세족식은 15개 학급별 4인 1조로 구성, 전체 6개 조로 나누어 진행했다.

먼저 교장선생님께서 각 조가 행사장에 입장할 때마다 온화한 목소리로 세족식의 의미, MSMP의 의의, 학생들이 보여주고 있는 작은 기적들에 대해 일일이 설명한다.

학생들은 친구의 발을 닦아 주고 계신 선생님의 뒷모습을 바라보며, 나는 어떤 기분일까 설렘 가득한 얼굴로 자신의 차례를 기다린다. 언제나 학생들과 함께 하겠다는 선생님들의 담담한 고백이 편지가 되어 음악을 타고 스크린 위로 흘러간다. 처음에는 조금 부끄러워하던 학생들도 담임선생님에게 발을 내민다.

"학교 생활하면서 제일 힘들었던 게 뭐야?"

"엄마, 아빠 못 보는 거요."

"과연 잘 할 수 있을까?" 학생도 교사도 긴장했지만 스승의 손길이 제자의 발을 어루만지는 순간, 진심어린 대화와 진솔한 감정, 뜨거운 눈물이 봇물처럼 흘러 넘친다.

"그래도 너는 이제 스스로 생활하는 습관이 갖추어져서 조금만 더 노력하면 익숙해질 수 있을 거야."

선생님의 따뜻한 위로가 뒤따른다. 오글거리고 귀찮다고 생각했던 세족식이 그렇게 서로의 마음을 보듬어주고, 고단한 학교생활을 이어가기 위한 휴식처가 되고 있었다. 학생의 발을 어루만지며 나지막하게 속삭이는 선생님의 떨리는 목소리에, 덩치가 산만

한 남학생들도 부끄러움을 잊고 어깨를 들먹이곤 한다.

"그때 참 힘들었는데 선생님 한 마디에 다시 기운을 차렸어요."

수줍게 고백하는 학생들도 있다. 따뜻한 눈빛과 애정 어린 표정으로, 진심어린 대화와 부드러운 손길로, 담임선생님 가슴 속을 가득 메운 대견함과 뿌듯함은 그렇게 사랑을 타고 학생들의 가슴으로 촉촉하게 스며들었다.

5분이라는 시간이 이렇게 긴 시간이었던가. 선생님과 학생의 마음이 한데 모여 더 큰 하나가 된다. 사제가 하나가 되는 감동적인 장면이 연출되는 것이다.

처음 난색을 표했던 교사들도 걱정했던 것보다 편안한 마음이 자리하게 되었다. 그 우려는 이제야 처음으로 너와 이야기를 나누는구나 하는 미안함으로 바뀌게 되고, 더욱 친밀하고 가까워진 사제 관계를 실감한다. 무슨 이야기를 나눌까 하는 어색함도 잠시, 눈을 마주치자 이야기 꺼리가 저절로 술술 나오게 되니 이것이 바로 진정한 소통이구나 하는 감동이 밀려온다.

교사는 아이의 눈빛에서 진심으로 나를 신뢰하고 존경하고 있구나 하는 마음이 들고, 부모 이상의 강한 유대감이 느껴진다고 한다. 몸은 고되어도 마음은 충만하다고나 할까. 학생 뿐 아니라 교사도 평생 기억에 남을 소중한 추억이 생기는 것이다.

세족식은 우리 학교에 많은 것을 얻게 해주었다. 우선 마음과 마음이 통하는 참된 사제관계를 형성하게 해주었다. 학생은 선생님에 대한 감사함과 송구함에서 더욱 더 열심히 학교생활을 해야겠다는 의무감이 생긴다. 동시에 교사는 나에게 맡겨진 이 아이들을 제대로 길러내야 한다는 막중한 책임감을 떠안게 된다.

감동과 눈물로 이어지는 마음의 정화를 통해 지친 마음을 위로하고, 3년이라는 학교생활을 이어나갈 원동력이 된다.

"남의 발을 씻기는데, 내 마음이 씻어지네."

그리고 우리는 잊지 말아야 할 또 다른 발을 기억하게 된다. 우리를 낳고 길러주신 바로 우리 부모님의 발이다.

우리는 MSMP를 마무리하는 수료식 때에는 부모님께 감사하는 마음으로 학생들이 부모님의 발을 씻겨 드리는 의식으로 마무리한다. 장소와 여건상 모든 부모님이 참가하지는 못하고 희망하는 학생과 학부모를 대상으로 이 의식을 진행하게 된다. 부모님의 보살핌을 받기만 했던 아들딸들이 부모님의 노고에 진심으로 감사할 줄 알고, 존경하며 사랑하는 마음을 표현하는 이 의식은 MSMP 수료식의 절정이라 할 수 있다.

세족식으로 마무리 되는 66일간의 체험에서 얻어진 사제 간의 신뢰는 앞으로 펼쳐질 교육과정 운영에 유무형의 엄청난 힘이 되어 작용하게 될 것이다. 무엇보다 이 세족식은 곧 우리 학교의 전통과 명예로 자리매김하고 있다.

내 가슴에 너를 안다
세족식의 의미

교사 이창훈

"선생님 세족식 해보셨어요?"

여러 선생님들이 모인 즐거운 대화 자리에서 했느니 안 했느니, 최고라느니 별 거아니라느니 저마다의 교직경험이 쏟아졌다. 가만히 듣고 있다 슬그머니 드는 궁금증은 과연 현실적으로 가능할까 하는 것이었다. 어떤 분위기 어떤 느낌일까. 성경책에 나오는 한 구절 같기만 했다.

마침 올해 1학년 담임을 맡으면서 세족식을 경험하게 되었다. 한마디로 학생들과 좀 더 마음으로 통할 수 있었던 순간이었다. 굳이 유도하지 않아도 자연스럽게 교감하고, 서로를 내려놓고 겸손한 마음에서 친밀해지는 느낌이었으며, 관심이 덜했던 학생을 사랑하게 되었다. 지금보다 좀 더 순수했던 시절, 교직에 처음 들어선 순간이 생각났다.

그러던 어느 날, 세족식에서 영혼의 메아리를 주고받았던 학생과 화장하는 문제로 챙챙챙 실랑이를 하고 있었다. 함께 나누었던 대화와 마음 속 소통은 어디로 가고, 현실에선 다시 울화통 터지고 스트레스 받고 있기도 하지만 끈끈한 사제관계를 형성하는 단초가 되었다고 믿는다.

사제관계가 무너졌다고는 하지만 예나 지금이나 변함없이 소중한 인간관계임에는 틀림없다. 교사라는 한 사람이 학생들에게 평온한 성정과 따뜻한 만남, 배움에 대한 결핍을 채워 줄 수 있는 대표적 존재라는 생각을 잊고 지낼 때 꼭 세족식을 경험해보라고 권하고 싶다.

학생들은 대단하지도 않은 평범한 나의 눈길과 관심을 한 번이라도 더 받고 싶어 한다는 것을 알 수 있다. 돌이켜 생각해보니 고교시절 경험한 사제지간의 간격이 청소년기에 맺게 되는 인간관계에 상당한 영향력을 미쳤음을 실감하게 된다.

MSMP 동영상 인터뷰 중 세족식이 "그동안 쉽게 말하지 못한 고민들을 그 분위기에서 선생님께 솔직하게 말할 수 있어서 좋았다"는 부분이 뇌리에 스친다.

교육은 스승과 제자 간 자연스러운 상호작용으로 이루어진다. 지금처럼 세족식이 우리 학교의 상징적 프로그램이자 사제 간 건강한 가치를 만들어내길 바란다.

평생 잊지못할 뭉클한 감동
세족식의 의미

강민채

MSMP의 마지막 주, 세족식이라는 걸 1학년 전체 학생들을 대상으로 실시했다. 세족식은 우리 학교의 특징 중 하나로 담임선생님이 반 아이들의 발을 모두 직접 닦아주는 행사다.

세족식 전날, 사실 나는 엄청 긴장했다. 혹시나 발에서 이상한 냄새가 나면 어떡하지, 선생님께서 불쾌해하면 어떡하지 등 지금 생각해보면 조금은 쓸데 없는 걱정들로 속을 끓였다. 한편으로는 세족식을 하는 이유가 뭘까 침대에 누워 곰곰 생각해보았다.

세족식 당일 설렘 반 긴장 반 면학했고, 내 차례가 되었을 때까지만 해도 세족식이라는 것이 실감나지 않았다. 행사가 진행되고 있는 갤럭시홀은 예상보다 훨씬 더 진지한 분위기였고 무대에 올라가 있는 학생들의 대부분은 눈물을 보이고 있었다. 그제야 아, 내가 지금 세족식을 하러 온 거구나 실감할 수 있었다.

드디어 기다리던 내 차례가 되고 담임선생님을 마주하자 왠지 모르는 감정에 먼저 눈물부터 나왔다. 66일이라는 시간동안 난생 처음 경험한 것들이 너무 많았고, 선생님께서 발을 닦아주시면서 너무 좋은 말씀을 많이 해주셔서 위로받는 느낌이었다. 한참 자존감이 떨어져 있는 시기였는데 선생님께서 너는 충분히 가치 있고 대단한 사람이라고 말씀해주셨다.

지금도 선생님께서 세족식 때 해주셨던 말씀을 똑똑히 기억한다. 다른 그 어떤 말보다 그 어떤 행동보다 큰 위로가 되었고, 지금까지의 내 생활을 보상받는 기분이었다. 그저 담임선생님께서 발을 닦아주는 행사라고만 생각했던 세족식이 엄청 큰 의미로 다가오게 된 이유가 바로 이것 때문이었다고 본다.

어떤 아이들은 선생님에게 다가가는 것이 힘들다고 느꼈을 수도 있고, 어떻게 말을 해야 하나, 어떻게 다가가서 친해질 수 있을까 고민한 친구들이 있을 것이다. 세족식을 통해 나를 포함 우리 5기 학생들과 담임선생님 간 관계가 엄청 발전했다고 생각한다. 평범한 사제지간을 넘어 더욱 의지할 수 있고, 믿을 수 있는 관계로 발전했다. 담임선생님께서 우리들에게 한 마디 한 마디 진심을 담아 해주시는 말씀을 들으며 우리는 말 못할 고민을 위로받을 수 있었고, 한편으로는 그렇게 해주신 담임선생님께 감사함을 느낄 수 있었다.

MSMP 기간 동안 학생들뿐만 아니라 1학년 담임선생님들도 함께 고생하셨고 힘든 66일을 보냈을 것이다. 그랬기에 이렇게 세족식을 통해서 우리의 발을 손수 닦아주시는 선생님들께 더욱 감사함을 느낄 수 있었다. 과연 오늘의 세족식이 아니었다면, 앞으로 내가 인생을 살아가면서 선생님께서 직접 내 발을 손수 닦아주시는 일이 있을 수 있을까? 이 질문에 대한 나의 답은 '아니다'였다.

세족식은 정말 의미 있는 시간이었고, 담임선생님에게 한 발 더 다가가서 스승과 제자의 관계를 넘어 더욱 의미 있는 관계로 발전할 수 있는 시간이었다. 이런 뜻 깊은 시간을 제공해준 학교에 너무 감사하고 후배들에게 꼭 이 말을 전하고 싶다.

세족식은 단순히 선생님께서 발을 닦아주는 가벼운 행사가 아닌, 스승과 제자의 관계를 넘어설 수 있는 인생에서 다시는 없을 좋은 경험이라는 것을.

3장

체력을 바탕으로
예술의 혼을 심다

01

운동화
신은 뇌

우리 학교는 인성교육의 중심과 방향을 '체→덕→지'로 정립하고 있다. 사실 체력이 바탕이 되지 않으면 그 어떤 것도 불가능하기 때문이다. 욕심을 부려 1학년 때부터 공부에만 매달리다 보면 오히려 일찍 지치고 다른 생각을 하게 되는 경우가 많다.

　건강은 제1의 자산이라고 한다. 학습이나 일도, 무언가를 끝까지 해내는 열정도, 몸과 마음이 건강해야 가능한 일이다. 심신이 건강한 사람이 곧 인생의 승리자가 될 수 있다.

　그동안 학생들은 부모 밑에서 마음대로 먹고 자고 하던 철부지에 불과했다. 이제 막 고등학교라는 큰 문을 열고 들어서니 모든 것이 생소하기만 하고, 낯선 친구들과 선생님을 만난다는 사실도 두렵고 부담스럽기만 하다. 엎친 데 덮친 격으로 66일이라는 기간 동안 학교 기숙사에서 부모와 떨어져서 살아야 한단다. 더구나 껌딱지처럼 내 몸에 붙어있던 스마트폰도 가지고 있을 수 없다하니, 어디 불평불만을 털어놓을 곳도 없다. 막연하게 66일이라는 시간을 견뎌내야 하는 학생들에게 주어지는 중압감은 이루 말할 수 없을 것이다.

이들의 소리 없는 비명은 보건실 문턱을 통해 새어나온다. 겨울방학 동안 풀어져 있다가 고교 진학이라는 관문을 통과했더니 MSMP라는 새로운 환경에 처하게 되면서 소화불량과 복통, 원인 모를 고열과 감기에 시달리게 되었다. 겨우내 몸을 움직이지 않고 먹기만 하다가 이제 몸을 움직이기 시작하려니 몸이 여기저기서 거부반응을 일으키기 시작한 것이다.

이미 이런 상황이 올 것임을 짐작한 우리는 학생들을 부지런히 움직이게 하는 습관들이기에 초점을 맞추었다. MSMP의 제1 좋은 습관들이기를 일찍 일어나게 하고, 일어나면 바로 아침운동을 시작하여 몸 풀기부터 시켜야 한다고 결정했다. 이것이 바로 모닝스파크로 기숙사의 하루가 운동으로 시작하는 셈이다.

입학하기 전 학생들을 대상으로 매일 일어나는 시간이 언제인지 설문조사를 했을 때 주중 기상시간은 7시 30분, 주말에는 10

《운동화 신은 뇌》는 개교 원년, 초대 이사장이 1기 교사진에게 선물한 책이다. 1학년 학생 전원이 참여하는 모닝스파크는 우리 학교 체육 교육의 근간이자 체덕지 교육철학의 실천 현장이다.

시 30분 일어나고 있다고 대답했다. 그런데 MSMP 프로그램을 진행하는 동안에는 매일 아침 주중에는 6시 20분에 일어나야 하고, 주말에는 자율적으로 일어나게 하지만 7시 전에는 반드시 일어나야 한다.

MSMP의 첫날이 밝았다. 2월 하순의 새벽 6시는 여전히 춥고 깜깜하다. 학생들은 잠자리에서 일어나느라 부산을 떤다. 학생들은 여전히 덜 깬 눈을 부비며 아침운동을 위해 체육관으로 입장하기 시작한다.

입구에는 이미 교장선생님께서 학생들 한 명 한 명에게 정겨운 웃음과 인사를 건네고 있다. 첫날에만 그러시겠지 했는데 66일 동안 하루도 빠지지 않고 학생들을 맞아주셨다. 그런데 더 엄청난 것은 개교 이후 지금까지 하루도 빠짐없이 똑같이 이 인사를 건네고 계시다는 점이다.

1기 1차 드림스쿨부터 시작된 교장선생님의 체육관 아침 인사는 MSMP 기간을 넘어 5년 동안 하루도 빠짐없이 이어지고 있다. 이런 진지함과 꾸준함 덕분에 학생들이 단시간 내에 좋은 습관을 들이게 된 것이 아닐까 한다. 교장선생님의 학생들을 위한 사랑과 헌신 그리고 노력은 학생들을 감동시켜 이번 4기 학생들로부터 '우주 최고 성실상'을 수상하기에 이르렀다.

모닝스파크는 간단한 짧은 묵상, 선생님과 나누는 정중한 인사, 그리고 운동으로 구성되어 있다. 학생들은 이 시간을 통해 신체와 마음이 깨어나고, 매일 이를 반복 실천함으로써 평생 지닐 수 있는 규칙적인 운동습관을 익히게 되는 것이다.

묵상과 간단한 스트레칭에 소요되는 시간은 6~7분, 그리고 전교생은 6개 분야로 나뉘어 '기초체력 강화 육상훈련'을 받게 된다. 체육관에서 남학생은 근력운동, 여학생은 개인 줄넘기를 한다. 체육관에 모인 아이들은 가벼운 체조로 몸을 풀고 달리기도 한다. 이렇게 시작되는 1학년 전교생의 하루 첫 일과를 모닝스파크라 부른다.

체육 선생님과 사감 선생님들이 함께 하는 아침운동이지만, 여전히 겨울방학 동안 늦잠을 자던 습관이 남아 있던 대부분 학생들은 달콤한 잠이 그리운지 힘에 부쳐 하는 느낌이 역력했다. 중학교 생활에서 체육활동이 부실했던 탓에 아침운동 시간이나 일과 중 체육활동을 하다가 가벼운 부상을 입는 경우도 종종 생겼다. 하루에 4~5명의 학생이 보건실을 찾았고, 1~2명 정도는 외부 의료기관의 진료가 필요했다. 한밤중에 응급실에 가는 경우도 일주일에 1~2명 수준으로 발생하곤 했다. 시간이 지나면서 학생들은 잘 적응해 나갔다.

우리가 교육에서 무엇을 중시하는가를 가장 잘 보여주는 이 모닝스파크가 학교 문화로 정착하게 된 데에는 새벽부터 수고 헌신하는 체육선생님들의 역할이 가장 크다. 눈을 비비고 나온 학생들이 무언가 성취감도 느끼고, 실질적인 체력 향상도 되며, 투지도 길러지는 프로그램을 운영하기 위해 끊임없이 연구하고 실행하기 때문에 가능했던 것이다.

우리 학교 체육선생님들이 근무하는 사무실은 실내체육관인 충무관 2층에 자리 잡고 있는데, 그 명칭도 체육실이 아닌 스포츠

과학센터ssc이다. 학생들에게 제공되는 체육 프로그램에 대해서 항상 과학적으로 연구 협의하고 있기 때문이다. 이 센터에는 웨이트트레이닝 시설과 체육을 전공할 학생들이 운동할 수 있는 공간, 스포츠의학팀실, 유산소운동실, 학생들의 신체 지수를 측정할 수 있는 인바디와 운동을 정밀 촬영할 수 있는 고속카메라도 준비되어 있다. 이러한 시설을 활용하여 학생들에게 가장 효율적인 체육 활동을 위한 연구를 지속하고 있다.

우리 학교 체육선생님들이 학생들의 체력 향상을 위해 과학적인 접근을 하고, 소신 있게 체육교육을 할 수 있게 된 계기가 있다. 당시 삼성전자 부회장이면서, 당시 학교재단을 맡았던 권오현 이사장이 전 교사에게 보내준 '작은 선물' 때문이다.

우리 학교가 개교한 해, 2014년 스승의 날을 즈음하여 권 이사장은 하버드 의대 임상정신과 교수로 재직하고 있는 존 레이티와 과학잡지 편집자인 에릭 헤이거먼이 공동 저술한 《운동화 신은 뇌》라는 책을 전 교사에게 선물로 주었다. 이 책 중에 이런 말이 있다.

"우리 체육 교사들은 뇌세포를 만들어내지요, 그 속에 내용물을 채워 넣는 것은 다른 교사들의 몫이고요."

SSC 체육선생님들은 이 책을 탐독했고, 이 내용을 학교 교육에서 어떻게 구현될 수 있는가를 끊임없이 연구 실험하고 있다.

이를 바탕으로 1,500미터 인증제를 비롯한 좋은 체육 프로그램이 만들어진 것이다.

학생들의 뇌세포를 맑고 깨끗하게 만들어 주기 때문에 이를 바탕으로 학력도 진학도 탄력을 받아 좋은 결과를 내고 있다. 체육의 힘은 자기계발서 수만 권에 필적할 수 있다.

우리 학교 체육선생님들은 체육 불모지 한국의 고등학교에서 '운동화를 신은 살아있는 뇌'를 구현하고 있다. 체→ 덕 → 지가 학교 교육의 올바른 순서라는 확신을 다시금 갖게 한다.

체육활동도 학교문화다
FB 리그전의 의미

교사 이설

학교체육은 아동 및 청소년들이 다양한 운동기능과 스포츠 문화를 체험하게 할뿐 아니라 평생체육의 밑거름이 되도록 준비하는 것이다. 청소년기의 스포츠 활동은 심신의 건강과 사회성 발달, 일상생활에서의 안정과 발전을 기대할 수 있다. 또한 학교생활에서 오는 긴장과 스트레스 해소, 친구들과 협동하는 관계형성은 물론 올바른 경쟁 관계를 이해할 수 있다. 더불어 리더십, 문제해결 능력, 상대방을 배려하고 의견을 존중하며 규칙을 준수하는 태도를 내면화 시킬 수도 있다.

그러나 우리는 입시 위주의 사회적 분위기로 인해 학교교육 시간 외의 방과 후, 주말 시간은 사교육에 의존하고 있으며 상위권 대학에 입학하기 위해 수단과 방법을 가리지 않는다.

우리는 체육 활동을 통해 학생들의 신체적, 정의적, 인지적 영역이 골고루 발달하여 전인을 육성하는 교육에 도움이 되는 방안을 고민하던 중 교내 1학년 학생을 중심으로 운영되고 있는 FB리그를 적극 활용하게 되었다.

FB리그는 기숙사 생활을 하는 1학년 학생들을 위해 주말을 활용하여 운영하는 학급 대항 축구Football와 농구Basketball 리그전을 말한다. 주말 사교육 의존도를 낮추는 역할도 하고, 학생들이 심판 및 선수로 직접 참여하는 것뿐만 아니라 대회 관람, 응원, 스포츠맨십 교육, 개·폐회식, 시상 등에 직·간접적으로 참여하는 프로그램이다. 이러한 스포츠 활동을 통해 FB리그가 학교 스포츠문화로 자리 잡을 수 있도록 프로그램을 개선하고 참여 활성화를 위해 노력했다.

먼저 FB리그에 참여하고 있는 1학년(4기) 학생 13명을 대상으로 질문지와 심층면담, 참여관찰을 통해 자료를 수집하고 분석하였다. 그 결과 FB리그가 학생들의 체육활동에 상당히 긍정적인 효과를 거두고 있다는 결론을 얻게 되었다.

FB리그는 성별, 체격, 체력, 개인적 특성에 따른 차이 없이 학급 구성원 모두가 함께 할 수 있는 스포츠 활동이다. 이를 통해 스포츠 퍼슨십 정신을 함양하고 협력, 소통, 화합, 배려와 나눔 등 정의적 태도 형성에 긍정적인 영향을 미친다. 또한 건강상태, 신체적 외상, 재능 및 자신의 신체에 대하여 자기개념이 향상되었다. 특히 규칙적 운동습관 형성, 외모(비만), 유연성, 지구력, 근력, 건강, 스포츠 유능감, 자기 효능감 등 신체 전반에 대해 긍정적인 효과가 나타났다.

FB리그 참여를 통해 운동에 대한 흥미와 학급 응집력이 향상되었고, 교우 관계가 긍정적인 방향으로 향상되었으며, 신입생들의 학교 적응 및 학교생활 만족도가 매우 높은 수준으로 나타났다.

최근들어 학생들의 인성교육을 강화하기 위한 주요 대책으로 2015 개정 교육과정에 따른 학교 스포츠클럽활동 의무화와 체육이 주요 교과라는 인식이 확산되었다. 그러다 보니 체육교육에 대한 실제 위상이 최고조에 이르렀다.

우리 학교에서는 체육활동이 강조 되는 교육과정과 분위기는 학업에 대한 학생들의 부담, 낮아지는 체력수준 및 사고방식 전환을 위해 앞으로도 흥미있는 후속 프로그램을 개발하고 프로그램을 개선 보완하여 체력향상에 만전을 기할 것이다.

몸과 마음을 깨우는
모닝스파크

습관은 들이기 나름이다. 시간이 지나면 몸이 먼저 반응한다. 학생들이 기숙사 문이 열리고 체육관인 충무관에 들어오는 시간은 6시 20분부터다. 처음에는 일어나기 힘들어 하여 호각을 부르고 큰소리를 내던 시절도 있었지만 시간이 지나면서 아침시간이 달라졌다. 5년차가 되는 해부터는 여러 가지 모습이 달라지기 시작했다. 이왕 아침 운동을 할 거면 제대로, 그리고 좀 더 열심히 하자는 학생들이 생겨난 것이다.

인재관의 아침 문이 열리는 시간을 기다렸다가 누가 제일 먼저 충무관에 도착하는지 경쟁할 정도가 된 것이다. 공부할 것이 많은 고등학생들은 조금이라도 더 자고 싶은 것이 보통인데 아이들은 일찍 일어나기 경쟁 같은 것이 생기게 된 것이다. 일어날 때 잠시 몸이 힘들긴 하지만 새벽에 충무관에 와서 진행되는 모닝스파크를 통해 자신의 신체와 정신과 영혼이 맑아지고 강해지는 것을 스스로 느끼게 되었기 때문이다.

아침 운동을 하는 모습을 보면 마치 태릉선수촌에서 선수들이 기초 체력 훈련을 하는 모습을 보는 듯하다. 명문학교임을 알 수 있는 척도는 체육활동을 어떻게 하고 있는지를 보면 알 수 있다는 것을 다시 한 번 확신하게 되었다.

아침운동으로서 줄넘기는 MSMP기간 중 2주간에 걸쳐 실시하고 그 이후부터는 기초체력 강화를 위한 과학적 체육 프로그램들이 실시된다.

개인 줄넘기도 하지만 학급별 단체운동으로도 손색이 없다. 사실, 아침 운동 종목으로 단체 줄넘기를 선택한 것도 나름의 고민 끝에 내린 결론이다. 운동을 통한 심신 단련은 물론, 학급 친구들과의 협력을 통해 공동 목표를 달성하는 데서 성취감도 느끼며, 그 과정에서 팀워크와 친근감을 느낄 수 있는 좋은 방법이 뭘까 고민하다 생각해낸 것이 단체 줄넘기이다.

단체 줄넘기는 서로 리듬과 호흡을 맞추지 않으면 줄에 걸리기 쉽고, 짧은 운동시간 내내 서로를 배려하며 호흡을 맞춰야 하므로 학생들의 마음을 한데 모으는 데는 그만이다. 더하여 중학교 때까지 부족했던 기본적인 운동량을 보충하고, 충분히 개발하지 못했던 운동신경을 깨우는 데도 부족함이 없다.

특히 주목할 것은 학급별 단체줄넘기 콘테스트였다. MSMP 초기 단체줄넘기는 3~5회 만에 줄에 걸리기 일쑤여서 답답하기가 이만저만이 아니었다. 꾸준한 연습은 반드시 결실이 있는 법, 2주 만에 학생들의 실력은 일취월장했다. 1등을 한 팀은 무려 348회를 기록할 정도였다. 놀라우리만치 줄넘기 실력이 향상되었는데, 개인별 운동능력 발달은 물론, 학급 친구들과의 호흡도 척척 맞아 이를 지켜보는 것만으로도 뿌듯하기 그지없었다.

주어진 시간에 어느 반이 더 많이 줄넘기를 할 수 있는가 하는 학급 간 줄넘기 경쟁은 기왕이면 즐겁게 그리고 적극적으로 협력하고 참여하는 모습을 보여주었다. 운동 중에도 즐겁게 참여할 수 있는 분위기를 만들어 주기 위해 학생들이 좋아하는 경쾌하고 신나는 음악을 매일같이 바꾸어 틀어주는 세심함도 잊지 않았다.

370명이나 되는 한 학년 전체 학생들에게 제한된 공간에서 주어지는 아침 운동시간 40분이 모두에게 알찬 체육활동이 되어야 한다는 것은 쉬운 일이 아니다.

모닝스파크는 기수를 거듭하면서 계속 진화하고 있다. 1기 학생들이 1년 동안 줄곧 줄넘기를 하였다면, 2기 학생들은 줄넘기

매일 아침 동트기 전부터 교장선생님의 따뜻한 인사 맞이로 문을 여는 모닝스파크! 체육선생님들은 물론 뜻을 같이 하는 1학년부 선생님들도 제자들과 함께 아침 운동을 하며 체력을 기른다.

후 선택형 운동제로 바뀌었다. 3기에서는 선택형과 기초체력 강화를 위한 체력측정제가 도입되었고, 4기에서는 1,500미터 달리기 인증제가 도입되었다.

운동을 통해 학생들에게 성취감을 심어주고 싶었던 체육선생님들은 모닝스파크가 4년차가 되는 해부터 새로운 프로그램을 접목했는데, 그것이 바로 '1,500미터 인증제'다.

체육선생님들은 3기 학생들 중 저체력 학생을 중심으로 실험 집단과 비교집단을 설정, 1년여 간의 실험 및 연구를 통해 결과를 도출했다. 이 연구 결과를 TRF을 통해 발표하면서 이 프로그램을 기획하게 된 것이다.

모닝스파크를 통해 학교생활이 향상된다는 긍정적인 결과도 얻었다. 아침 일찍 일어나 규칙적인 운동을 하는 것만으로도 생활에 힘이 되는 좋은 습관이 생긴다. 이에 만족하지 않고 학생들에게 무엇인가 선물을 하나씩 가질 수 있도록 해야겠다는 생각이 모아진 것이다. 바로 학생들의 기초체력을 강화하기 위해 1,500 미터 달리기에 대한 상당 수준의 기준을 설정하고, 이에 도달하게 하여 인증을 해주는 것이다.

학생들은 매일 간단한 스트레칭을 하고, 이후 조를 나누어 기초체력 강화를 위한 1,500m 트랙러닝, 하버드 스텝, 사이드 스텝, 셔틀런 등 타이트한 운동을 30분 정도 하는데 졸업하기 전까지 1,500m 인증에 통과하도록 지도한다.

1년에 세 번 학생들은 인증시험에 참가할 수 있는데 1,500미터를 남학생은 6분, 여학생은 7분 30초 안에 들어오게 되면 인증이 된다. 이것은 사관학교 입학에 필요한 중간 이상의 기준이기 때문에 쉽게 도달할 수 있는 목표는 아니다. 체육선생님들은 다소 도전적인 목표를 세우고 이에 도달할 수 있도록 과학적인 분석과 자료를 통해 이 프로그램을 운영한다. 인증을 받은 학생은 교장선생님과 선임 체육선생님이신 이설 선생님의 친필 사인이 들어간 멋진 인증서를 받을 수 있다. 이렇게 매일 이루어지는 육상 훈련을 통해 학생들은 1,500미터 인증에 필요한 강인한 체력과 정신력을 갖추게 된다.

아침 운동은 체육관과 운동장에서 나누어 진행된다. 체육관에서 진행되는 종목은 사감 선생님의 도움을 받아 자율적으로 진행한다. 운동장에서 진행되는 1,500m 트랙러닝, 크로스컨트리, 사이드스텝, 하버드 스텝, 셔틀런 등 다섯 종목은 체육 선생님이 점진적으로 강도를 높여가며 체계적으로 지도하게 된다.

이런 강도 높은 아침운동은 학생들의 생활에서부터 변화가 생기고, 부수적으로 좋은 습관을 형성하게 된다. 아침에 이런 강도 높은 운동을 해야 하기 때문에 밤늦게 까지 공부를 하거나, 기숙사나 학교에서 불필요한 생각이나 잡담을 포기하고 숙면을 하려고 노력한다. 아침에 소모된 에너지를 보충하기 위하여 아침 식사를 든든히 하고, 땀을 흘린 다음 깨끗하게 몸을 씻으니 기분 좋은 하루를 맞게 된다.

모닝스파크는 체육선생님들과 우리 학교 1학년 학생들이 함께 도전하는 1년에 걸친 긴 여정이다. 학생들은 인생이라는 긴 레이스에서 가장 정직한 운동 중 하나인 달리기를 선택하여 도전적인 목표를 갖고 스스로 해내는 것이다.

일찍 일어나는 새가 벌레를 잡아먹는다는 옛말이 있다. 모닝스파크는 학생들을 일찍 일어나게 하여 활기차고 생동감 넘치는 아침을 열어주는 것은 물론 괄목할 만한 체력향상을 가져다주었다.

페어플레이 정신을 깨닫다
FB리그로 얻은 모든 것

조아현

지난 한 해 동안 FB리그에 참여하면서 다른 학교에서 체험할 수 없는 뜻 깊은 경험을 했다. 사실 밖에 나가서 운동하는 것보다 앉아서 책을 읽는 등 정적인 활동을 좋아했던 지라 처음에는 FBL에 참여하는 것에 회의감이 들었다. 그러나 1년 동안 일주일에 한 번씩 축구 또는 농구 경기를 하다 보니 자연스럽게 그런 부정적 생각을 없앨 수 있었다. 과한 운동을 하는 것도 아니고 게임을 하는 것이라 더욱 더 재밌고 알차게 운동할 수 있었다.

처음에는 경기를 뛰는 15분 또는 7분이 길게만 느껴졌고, 시간이 길어질수록 체력적으로 힘이 부족해 경기에 최선을 다하지 못했다. 하지만 2학기쯤 들어서는 중복선수로 뛰어도 체력이 부족하지 않은 상태로 경기에 임할 수 있었다. 또한 경기를 뛰는 활동 외에도 신경 써야 할 부분도 많아서 FBL에서 많은 것을 배울 수 있었다.

개회식 때 페어플레이 정신에 대해 선서를 하고 교장선생님과 체육선생님께서 이와 관련된 말씀을 하셨다. 그 당시에는 그 말들이 크게 와 닿지 않았다. 아직 제대로 된 경기를 해보지 않았던 터라 페어플레이 정신이라는 것 자체가 형식적 절차인 줄로만 알았던 것이다.

경기를 하면서 페어플레이 정신의 중요성을 몸소 깨닫게 되었다. 경기를 하기 전 상대팀과 정중하게 인사하는 것부터 경기를 하는 동안 규칙을 잘 지키는 것 등 페어플레이 정신이 적용되는 곳이 굉장히 많았다. 이에 축구와 농구 규칙들을 잘 익혀야 했다. 특히 농구가 어렵게 다가와서 따로 규칙을 찾아보고 농구부 친구들에게 도움을 구했다. 이런 결과 올 4월에 열렸던 체육대회 농구경기에서는 우리 모두가 규칙을 잘 숙지하고 경기하는 모습을 볼 수 있었다.

경기를 시작하기 전과 끝나고 나서 상호 간 경례를 하는 자리에서도 상대팀이라고 얼굴을 붉히는 것이 아닌 서로 격려해 주고, 웃으면서 경기를 마치는 모습이 보기 좋았고, 이것이 진정한 페어플레이 정신이라고 생각했다.

물론 FBL을 처음 진행했을 때는 기분이 안 좋은 채 끝나는 경우가 많았다. 경기에서 지면 같은 반 친구를 탓하고 상대팀이나 심판들에게 화를 내기도 했으니까. 시간이 지날수록 저도 웃으며 경기를 마치고, 수고했다며 서로를 격려하는 모습을 많이 보게 되었다. 경기에서도 반 친구들끼리 서로를 배려하고 협동하는 법을 배울 수 있었다.

초등학교와 중학교 때 학급 티를 정하거나 유니폼을 정하는 일은 수많은 불화를 초래하곤 했다. 우리 반에서도 예외는 없었다. 처음에 축구와 농구 유니폼을 정할 때 서로 의견이 엇갈리는 바람에 반 친구들끼리 다투기도 했다. 그 뿐만이 아니라 선수 엔트리를 작성하는 과정에서도 서로 안하겠다고 미루며 다투기도 했다. 하지만 모두들 FBL에 재미를 느끼고 나서는 대부분 적극적으로 참여하는 모습을 보였고, 자진하여 사정이 있는 친구를 대신해 경기에 임하고, 서로를 돕고 협동하는 모습을 보였다.

한 해 동안 FBL로 많은 것을 경험하고 배울 수 있었던 것은 운동뿐만이 아니라 협업하고 페어플레이 정신으로 경기에 임하는 것이었다. 결국 단순히 체력을 기르고 운동법을 배우는 것이 아닌 사회의 한 구성원으로서 지녀야 할 것들을 배우는 과정이었다고 생각한다.

무도정신으로
투지와 도를 배운다

훌륭한 인재를 육성하기 위해 무엇을 가르치고 배우게 할 것인가 하는 문제는 예나 지금이나 교육에 대한 책임을 맡은 사람들의 가장 큰 관심사다. 이를 현대 교육에서는 교육과정이라고 한다.

중국의 한자와 유교 문화는 우리나라의 교육과 사상에 많은 영향을 끼쳤다. 특히 공자의 가르침이 담겨 있는 논어의 가르침을 보면 주周나라의 정치 문화 교육으로 돌아가야 한다고 할 만큼 지대한 영향을 미쳤다.

주나라에서 관리나 후보자들을 위한 교육과정이 육예六藝인데 예禮, 악樂, 사射, 어御, 서書, 수數의 교과목으로 편성되어 있다. 우리나라 교육과정의 대표적인 과목 국·영·수·사·과·예체처럼 6개 교과군으로 구성되어 있다.

이 과목군의 내용을 지금의 명칭으로 바꾸면 이렇다. 예禮는 윤리와 도덕과목이고, 악樂은 음악 무용과목이다. 사射는 활쏘기 교육을 말하므로 체육과목이고, 어御는 말타기 교육이므로 역시 체육이다. 서書는 서예이므로 미술과목이고, 수數는 셈을 잘하는 수학과목을 말한다.

이런 교과군을 보더라도 공자가 이상적으로 생각했던 주나라의 리더를 위한 교육과정에서 가장 중요하고 가장 많은 비중을 차지하고 있는 과목이 바로 체육이었다는 것을 말해준다. 활쏘기[사]를 통하여 학생들에게 체력과 집중력을 키우게 했으며, 말과 마차를 잘 다루는 능력[어]을 통해 동물과의 호흡이나 마차를 잘 다루는 조정 능력을 갖추도록 하였다는 것이다. 지도자들을 길러내기 위해 가장 중요하고 많은 시간을 들일 필요가 있는 것이 체육이었다는 것을 이미 오래 전부터 알아 왔다는 것이다.

체육은 국가와 세계를 위해 일할 인재 육성을 위해 필수사항일 뿐 아니라 다양한 형태로 제공되어야 함에도 현대에 이르러서는 부수적이거나 선택적으로 다뤄지고 있어 아쉽다.

체육 활동은 단순히 공부하는데 필요한 체력을 갖추는 기초적인 역량 외에도 그 자체가 지니고 있는 교육적 의미는 실로 크다.

각 종목에서 요구하는 격格과 식式을 제대로 갖추게 될 때 학생들이 습득하는 교육적, 정신적인 힘은 한두 가지가 아니다. 그것은 매년 열리는 무도대회를 통해서도 충분히 알 수 있다.

우리 학교에서는 해마다 6월 둘째 주 토요일이면 '학교장배 무도대회'가 열린다.

이날 체육관에는 아침 일찍부터 유도대회를 치를 수 있는 파란색과 주황색 매트가 바닥에 깔려 공식 국제 규격의 유도장이 마련된다. 한쪽에는 반짝거리는 마루가 그대로 드러난 체육관 위에 경계선과 심판 좌석이 마련되면서 검도 경기장이 준비된다. 또 다른 한쪽에는 남녀 펜싱 선수들이 상대방을 향해 뻗을 때마다 들리는 금속성의 소리를 들을 수 있고, 상대방의 몸에 닿으면 전광판에 표시를 볼 수 있는 국제 규격의 펜싱 경기장이 모습을 드러낸다. 충무관 밖 소강당에서는 태권도 시범단의 힘찬 기압소리가 들려온다.

이렇게 완벽하게 준비된 충무관에 검도복을 입은 선수, 흰색과 파란색의 유도복을 입은 선수, 야광 빛이 들어있는 흰색 펜싱복을 입은 선수들이 충무관에 마련된 특설 경기장으로 속속 들어온다.

유도, 검도, 펜싱 경기에 출전하는 선수들은 모두 1학년, 2학년 재학생들만이 아니다. 입시에 중요한 6월 모의고사를 앞둔 3학년 남녀 학생 총 120여 명이 함께 충무관을 가득 채운다.

체력은 모닝스파크로, 정신력은 무도대회로! 태권도 유도 검도를 중심으로 2016년 도입한 학교장배 무도대회를 통해 학생들은 올바른 스포츠맨쉽은 물론 최선을 다하는 투지의 중요성을 연마한다.

잠시 후엔 각 종목의 외부 초청 정식 심판단들이 경기장에 입장하게 되는데 이 대회가 공신력을 지닌 대회임을 느끼게 한다. 진행을 담당하는 체육선생님들은 정장 차림으로 대회에 임한다.

8시 30분이면 국민의례를 시작으로 '충남삼성고 학교장배 무도대회'의 개회가 선언되고, 선수 대표의 선서와 함께 막이 오른다. 개회식이 끝나면 우렁찬 구령과 함께 준비운동을 하고 남녀 선수들은 검도, 유도, 펜싱경기장으로 이동하여 자신의 출전 순서를 기다린다. 기다릴 때에도 각 경기장에서 바른 자세로 앉아 경기를 관람하면서 준비한다.

유도, 검도, 펜싱 각 경기장에서 경기 시작을 알리는 호각 소리가 나면 열띤 무도대회가 펼쳐진다. 검도장에서는 검을 휘두를 때마다 나오는 우렁찬 기합 소리가 진동하고, 유도장에서는 유도복을 입은 선수들이 매트 위에서 상대 선수의 깃을 잡고 공격과 방어에 안간힘을 쏟으며 열띤 광경을 펼친다. 펜싱장에서는 펜싱검이 부딪치는 금속성 소리가 어우러지며 올림픽 경기장에 와 있는 느낌이다. 경기가 무르익어 갈 무렵 태권도 시범단은 무대에서 절도 있는 품새 시범과 격파 시범이 있다.

무도대회는 상대와 실력을 겨루게 되므로 경기가 끝나면 바로 심판에 의해서 승패가 명확하게 결정된다. 이긴 선수가 누리는 승리의 기쁨, 진 선수의 아쉽고 안타까운 한숨과 울음소리, 이긴 선수를 축하하고 진 선수를 위로하기 위해 서로를 꼭 안아주는 모습은 보는 이로 하여금 감동도 재미도 주게 된다.

모든 경기는 반드시 승패가 있기에 선수들은 한 경기라도 이기기 위해 시간을 쪼개어 땀 흘리며 연습한다. 시범단은 전교생이 지켜본다는 긴장감에 최선을 다해 준비한다. 특히 검도 자세 경연은 남녀 대결도 이루어지기 때문에 서로 같은 수준의 강도로 연습하고 준비한다.

연습기간 동안 지도 선생님과 경험있는 선배들은 경기를 위한 운동기술보다 그 경기의 규칙과 예절을 가르쳐 무도인의 예의와 품격을 갖추게 한다. 무체급으로 진행된 유도대회에서 45kg이 안되는 왜소한 여학생의 우승, 검도 경연대회 남녀 대결에서 여학생의 승리, 학교에서 처음 펜싱을 시작한 1학년이 선배들을 누르고 우승하는 모습은 한 순간도 눈을 뗄 수 없는 명승부를 연출했다.

'인생의 굴곡을 잘 헤쳐 나가려면 투지와 정신력이 있어야 한다'는 말은 설명한다고 해서 알아듣게 되는 일이 아니다. 스스로 자신을 이런 무도 대회에 던져 놓고 끝까지 겨뤄보는 일을 통해 정신적인 힘이 생긴다. 또 권위 있는 심판에 의해 룰이 엄격하게 적용되는 경기장에 들어서 본 경험에 의해서 규칙 준수나 예의범절을 자연스럽게 익히게 되는 것이다.

승패가 있는 경기에서 승자가 겸손한 모습으로 패자를 위로해 주는 것보다 더 중요한 교육은 패자가 승자의 우승을 인정하고 축하해 주는 것을 배우는 것이다.

나보다 훨씬 더 많은 땀을 흘리고 많이 연습하여 훌륭한 기량을 갖춘 상대 선수가 공정한 룰에 의해 나를 이기고 승리했을 때 그 우승을 겸허히 받아들이고 진심으로 축하해 주는 마음과 자세를 배우는 것은 이런 무도 대회가 주는 큰 의미의 배움이다.

04

삶과 생각을
디자인하다

청소년들이 성인이 된다는 것은 내 삶의 주인공이 자신이라는 점을 깨닫고, 자신의 삶을 아름답게 이끌어 갈 수 있는 힘을 갖는다는 것을 의미한다.

그동안 들어왔던 부모님이나 선생님의 말씀 그리고 책에 쓰여 있는 많은 글들을 무턱대고 받아들이는 순종적인 자세뿐만이 아니라 그동안 당연하다고 생각하고 인정한 많은 것들에 대하여 '왜 그럴까?' 의문을 던져 봐야 한다는 것이다.

특히 자신의 삶에 대해서는 더욱 그러하다. 부모님, 그리고 선생님이 추천하는 삶의 모습은 그 분들의 경험과 지식 안에서 가장 좋은 길이다. 그것이 정말 나에게 맞는 삶인가 하는 점은 깊이 생각해 봐야 한다. 내 삶과 진로에 관한 문제는 자신의 판단과 결정하는 과정이 반드시 필요하다. 아쉽지만 부모님과 선생님이 제시하는 삶이란 그들의 관심이나 경험의 영역 내에서 제시되는 한계가 존재한다.

고등학생이 되면 생각할 틈도 없이 일단 대학을 가야 하는 당위성을 그대로 받아들이게 된다. 그래서 우선 내신등급을 준비하고, 수능의 주요 과목을 준비하기 위해 기계적으로 움직이는 삶을 살기 쉽다. 대학 진학을 위한 최상의 조건을 갖추려는 것이 마치 가장 성공적인 학교생활이라 착각하기도 한다.

지금까지 많은 고등학생들이 해왔던 방식을 그대로 따라한다면 큰 실수는 없겠지만 내가 삶의 주인공이 되기는 쉽지 않다. 많은 생각을 해본 결과 선택한 것이 결국 똑같다고 해도 나의 선택, 나의 결정은 정말 중요한 과정이다.

자신의 미래를 설계하고 준비해야 하는 고등학교 시기엔 잠시 모든 판단을 멈추고 '왜?'를 위한 시간을 가져야 한다. 대학에는 왜 가야 하는가, 공부를 왜 하는가, 공부를 해야 한다면 어떻게 하는 것이 바른 방법인지 등 의문과 질문을 던져 봐야 한다.

그런데 '왜'라는 질문만으로는 충분치 않다. 의문만 던져놓고 합리적, 생산적으로 생각하지 않으면 회의론, 비관론에 빠지기 쉽기 때문이다. '왜?'라는 의심을 품는 것, 의심을 품었더니 확실하지가 않다면 그때부터는 생각하는 방식에 의해서 생각을 이어가야 한다. 즉 합리적으로 논리적으로 생각을 이어가고 정리해야 한다는 것이다. 이런 공부를 '철학'이라고 한다. 이런 공부는 혼자 생각해보고 마는 것이 아니라 함께 생각하고 나누어 볼 때 더 의미가 있고 가치가 있다.

우리 학교의 모든 학생들은 철학이 필수 이수 과목으로 정해져 있다. 우리 학교의 철학시간은 동서양에 어떤 철학자가 있고, 어떤 철학 사조가 있는가 하는 철학 지식이나 역사를 배우는 시간이 아니다. 한마디로 삶과 생각에 대한 공부, 공부에 대한 공부를 철학시간에 배운다. 철학시간 첫 5주 동안 함께 공부하는 주제다.

'공부는 해서 무얼 하지? 나의 공부와 철학함.'
'우리가 살아있다는 것은? 생존과 실존.'…

이런 주제로 5주 동안 자신과 다른 친구들과의 생각을 나눈다. 이런 토의 토론시간을 통해 자신에게 남겨진 자신의 생각을 글로 남기는 작업을 하게 된다.

철학 담당선생님은 수업을 이끌어 가지만 학생들의 다양한 생각이 드러나게 하고, 자신과 다른 생각을 듣고 수용하는 조정자

학생들의 상상력과 창의력은 FAB Lab, 미술실, 디자인실에서 영글어간다. 학생들의 미술 작품을
전시해 놓은 CNSA 갤러리도 빼놓을 수 없는 볼거리!

나 촉진자 역할을 한다. 공부를 왜 해야 하는지도 모른 채 떠밀리
듯 공부하고, 나에게 가장 의미 있는 삶이 무엇인지에 대한 진지
한 성찰 없이 타인의 삶을 살아갈 위험에 처하지 않도록 하기 위
한 아주 중요한 시간이다.

철학이라는 또 하나의 과목으로서 공부가 아닌 '철학함 Doing
Philosophy'을 통해 자신의 정체성을 확립하고, 자연과 세계에 대한

지식의 본성과 근거를 비판적으로 검토하는 시간을 갖는다. 건강하고 바람직한 자연과 사회에 대한 꿈과 비전으로 자신과 세계를 변화시킬 근원적인 힘을 얻는 시간이라 할 수 있다.

철학함을 통해 비판적, 부정적이 되지 않고 생산적, 창조적으로 나아가기 위해서는 새로움을 구상하고 그려보고 적어보고 형상화하는 능력이 중요하다. 철학적 사유를 통해 갖게 된 새로운 생각은 먼저 상상과 이미지로 나타나고, 그것을 말과 글로 표현하게 된다. 말과 글로 표현하기 전에 그것을 형상화할 수 있다면 더욱 명료하게 자신의 생각과 비전을 구현할 수 있게 될 것이다.

현대 사회는 이미지의 세상이라고도 한다. 누구든지 생각하고 상상할 수 있지만 이를 이미지로 만들고, 어떤 사람은 형상화를 넘어 제품이나 상품으로 만들어 유익하게도 한다.

생각을 많이 해야 하는 고등학생에게 미술 특히 디자인할 줄 아는 능력은 무엇보다 중요하다. 우리 학교는 전통 방식으로 그림을 그려보고 이를 컴퓨터로 디자인하는 공부가 필수다.

예를 들어 자신에 대한 깊은 성찰을 한다면 막연하게 생각만 하지 않고 '자화상'을 그려 보면 자신을 더 찬찬히 깊이 들여다 볼 수 있고, 더욱 세밀하게 알 수 있다. 새로운 생각이나 아이디어를 먼저 형상으로 옮겨 놓을 수 있다면, 생각을 정리하고 글로 옮기는데 많은 도움이 될 것이다. 기본적인 드로잉 능력, 컴퓨터를 활용하여 선과 면을 구성하고 색도 적절하게 배치할 줄 아는 능력은 현대 사회에서는 매우 필요한 능력이라 할 것이다.

우리 학교의 미술 시간에는 성취해야 할 여러 가지 목표를 두고 공부하지만 반드시 자화상을 그려보고 이를 설명하는 시간을 갖는다. 또 미술에서 배운 여러 가지 기법을 통해 생활을 디자인해보고 개선하는 프로젝트도 수행한다. 디자인은 미술적 능력만이 아니라 혁신적 사고를 함에 있어 교육적 효과는 매우 크다.

미술에서 디자인은 '생활에 필요한 조형품들을 미적 감각을 살려 목적에 맞게 실용적으로 계획 고안하는 것'이다. 이런 전통적인 해석이 일반적이지만 산업디자이너 김영세는 '디자인은 상식 파괴이다'라고 설명한다.

디자인Design이란 말은 기존의 '표시'나 '기호'를 뜻하는 사인sign을 어근으로 하고 있는데, 앞의 'De'를 파괴를 뜻하는 Destruct로 해석한다는 것이다. 그렇다. 디자인이란 단순히 지금 있는 것을 아름답게 보는 것만이 아니라 기존의 상식이 아닌 새로운 삶을 열어가는 것이다. 미술과 디자인이란 생각과 형상 현실을 이어주는 아주 중요한 요소인 것이다.

요즈음 교육에서는 통합과 융합을 매우 강조하고 있다. AI(인공지능)가 중심이 되어 펼쳐지는 4차 산업혁명을 위해 꼭 필요한 교육으로 많이 언급되는 것이 S·T·E·A·M이다. 과학Science, 기술

Technology, 공학Engineering, 예술Art, 수학Mathematic이 각자 과목이 지닌 지식만을 고집하지 않고 서로 연계하여 인류의 삶을 더 나은 삶으로 이끌어 줄 수 있는 교육을 하자는 것인데, 그 고리 역할을 하는 것 역시 미술이고 디자인이다.

우리 학교에는 상설 갤러리가 운영된다. 여기에는 학생들이 미술 시간을 통해 완성한 작품을 전시한다. 미술작품만이 아니라 학생들이 다른 시간을 통해 배우는 요소를 접목하기도 하고, 자신의 직업과 미래를 디자인적 요소로 표현하는 공간으로도 활용한다.

얼마 전 새롭게 전시되었던 갤러리 작품 중에는 충남을 제외한 다른 지역에도 삼성고등학교를 세우면 어떨까? 라는 물음에서 시작된 건축물 제작 프로젝트의 전시가 있었다.

학생들이 실제 지형을 분석하고, 지역적 특성과 문화적 특징을 고려해 디자인하고 제작한 작품이다. 우드락과 나무 등 다루기 어려운 재료를 활용했지만, 건축학과 대학생 못지않은 실력으로 멋진 작품을 완성하여 보는 이로 하여금 감탄을 자아내게 했다. 지금도 인상적으로 남아 있는 작품이 한강에 세워진 '서울 삼성고등학교'이다. 이 작품은 서울의 지형과 주변 환경에 맞도록 배치하면서 건축과 미적 요소를 겸비해 학생들의 상상을 아름답게 형상화한 것이다.

이처럼 철학과 미술은 자신의 아름다운 삶을 위해 정말 중요한 교육 활동이다. 고등학교 시절은 아름답고 행복한 삶에 대해 꿈꾸고, 그 꿈에 따라 자신의 삶을 디자인하며, 강한 의지로 실천하는 시기여야 한다. 다시 말해 고등학교 시절은 3D Dream ·Design ·Do 의 시기이어야 한다.

내 꿈을 디자인한다
이런 것에도 관심 있다

석기범 장지훈

평소 천문학에 에 관심이 있던 터라 충남삼성고등학교에 입학한 후 천문동아리 CNStAr에 가입했다. CNStAr에서 여러 별자리와 천체에 대해 배웠고 망원경으로 직접 관측도 했다. 하지만 천체를 관측하는 일은 쉬운 일이 아니라는 것을 알게 되었다. 그래서 자동으로 망원경을 원하는 천체에 맞추어주는 기계를 만든다면 많은 사람들이 천체를 관찰할 때 쉽게 관측할 수 있으리라고 생각했다. 또한 천문 관측자들이 더 쉽게 관측할 수 있는 환경을 제공할 수 있어 천체 관찰을 편리하게 할 수 있도록 만들려고 했다. 자동 천문 관측기기는 이미 있었지만 가격이 비싸기에 보편적으로 사용하기는 어렵다. 그래서 아두이노를 이용하여 싼 가격으로 자동 관측기기를 만들어 보아야겠다고 생각했다. 천체 관측기기를 만들기 위해 이론적인 부분은 공부하면서 새로운 지식을 많이 얻을 수 있었다. 자동 관측을 위해 시간에 따른 적경적위 즉, 시간에 따른 별의 위치에 관련된 데이터를 저장한 다음 시간의 흐름에 따라 망원경을 조금씩 돌려주면 천체 자동 추적이 가능했다. 기기를 설치할 곳이 항상 평평할 수 없기에 기울기도 맞춰야 했고 망원경을 움직이는 각도 또한 계산해야 한다. 이론적인 부분에 대한 조사를 끝내고 소논문을 작성했다.

05

영화를 듣고
음악을 보다

고등학교의 3년이란 기간은 미래의 행복을 위해서 희생하고 참고 견뎌야 하는 시기가 아니라 그 자체가 아름답고 의미 있는 시기여야 한다. 어른들은 고등학생 때엔 일단 대학 진학을 위한 교과 중심의 공부에만 전념해야 한다고, 예술을 감상하거나 직접 참여하는 여유 있는(?) 생활은 진학 후에 해도 늦지 않다고 말한다. 정말 그럴까?

인생의 어떤 단계보다 더 정서적이고 감성이 풍부한 때가 바로 고등학교 시절이다. 어른들은 한두 개 정도 부를 줄 아는 가곡이 있을 텐데 아마 거의 중고등학교 때 음악시간에 배웠을 것이다. 나이가 들면 중고등학교 때 배운 국·영·수 등 교과 지식은 별로 기억에 남아 있지 않지만 중고등학교 때 배운 가곡 등은 오랫동안 우리의 삶과 함께하고 있다는 것을 알고 있다.

그러므로 고등학교에서는 이 시절에 정말 음악을 감상하거나 연주에 참여해 보기도 하고, 갤러리에 가서 작품을 감상하거나 자신이 직접 그려보기도 하며, 컴퓨터를 통해 보다 보기 좋은 모습을 만들어 가는 경험을 가질 수 있도록 잘 준비해 주어야 한다.

우리 학교 학생상에 이런 구절이 있다.

'정서적으로 안정되어 있으며 예술을 감상하고 예술 활동을 할 수 있다.'

우리는 음악을 전교생이 필수로 이수해야 할 과목으로 지정하고 있다. 적어도 악보를 보고 피아노에서 건반에 옮기고 코드를 화음으로 칠 수 있는 수준, 악보를 보고 함께 합창할 수 있는 수준 정도는 기본적으로 배운다. 또 교양인으로서 꼭 들어 보아야 할 명곡을 감상하는 시간도 갖는다. 더하여 학생들의 기호와 관심에 따라 선택한 악기를 어떤 학생은 1년간, 어떤 학생은 2년간 지속적으로 연습함으로써 악기 하나쯤은 연주할 수 있는 예술적 활동 역량을 갖추게 된다.

음악에 관심을 갖는다는 것을 단계별로 보면 단순히 감상하는 수준에서, 자신의 음성이나 선택한 악기로 연주할 수 있는 수준으로 발전하게 되고, 혼자가 아니라 많은 청중이 있는 무대에서 연주할 수 있는 기회를 갖는 것이 더 높은 단계라 할 수 있다.

우리 학교에서는 음악 수업을 통해 음악적 감성을 키워나가지만 아무래도 대표적 활동은 CNSA 콘서트라고 할 수 있다. 개교 첫 해인 2014년 송년 음악회를 시작으로 매년 2학기말이면 대규모 CNSA 콘서트를 개최해 오고 있다.

사실 개교 첫해는 전교생이라야 한 학년 밖에 없었고, 악기에 대한 연습 역시 1인 1기를 통해 배운 학생들이 대부분이라 오케스트라나 합창을 무대에 올리기는 역부족이었다.

그러나 예술적 열정과 카리스마가 넘치는 긍정의 화신 김민희 음악선생님은 6개월이 넘는 치밀한 준비로 멋진 콘서트를 열고야 말았다. 송년과 성탄을 축하하고, 개교 첫해의 성공적 마무리를 자축하는 콘서트는 CNSA 가족을 따뜻하게 하나로 만들어 주었다. 돌도 지나지 않은 CNSA 오케스트라가 준비한 귀에 익은 명곡 연주와 흥겹고 재미있는 안무를 포함한 합창까지 완전한 구색을 갖춘 멋진 콘서트였다.

CNSA 콘서트는 매년 2학기의 깊은 가을이면 무대의 막을 올린다. 지금은 우리 학교의 문화와 예술 수준을 한껏 높여 주는 품격 있는 학생문화의 대표적 행사가 되었다. 또한 CNSA 가족에게 자긍심을 심어줄 정도로 학교문화의 대표 브랜드가 되었다.

콘서트의 수준이 어느 정도 올라가자 본교 학생들과 교직원들만이 듣기에는 너무 아깝다는 반응이 많았다. 네 번째 콘서트부터는 외부인에게도 공개하자는 요청이 많아 학부모뿐만이 아니라 지역사회 어른을 초대하여 공연하게 되었다. 우리 학생들만의 연주가 아니라 외부에서 연주자를 초대하기도 했는데 충남 교사 합창단의 합창 연주가 더해져 수준을 높여 주었다.

CNSA 가족만이 아니라 학부모와 지역사회 어른들도 크게 감동한 네 번째 CNSA 콘서트의 주제는 '2017 이 가을, 영화를 듣다'였다. 듣는 음악에서 보는 음악으로 진화하고 있고 종합 예술적 성격을 띠게 되었다.

콘서트의 1부는 재학생의 피아노 독주와 현악 앙상블, 그리고 충남 교사 합창단의 공연이 알차게 준비되었다. 2부에서는 바이올린 배틀, 기타앙상블의 클래식 연주에 이어, 큰 호응을 불러일으킨 밴드 연주와 열창으로 관객의 감성을 한껏 끌어올렸다. 3부에서는 콘서트의 하이라이트인 CNSA 오케스트라의 연주가 시작되었다. 초청된 개원 연주 몇 분을 포함 100여 명에 가까운 연주자들이 무대를 가득 채웠다. 이날 연주된 곡목은 영화 〈해리포터〉, 〈캐리비안의 해적〉, 〈레미제라블〉 삽입곡으로 우리 귀에 익숙한 곡이었다. 가슴 벅찬 오케스트라 연주가 진행될 때 뒤 대형화면에는 그 곡이 나오는 장면이 펼쳐지면서 듣는 콘서트에서 보는 콘서트를 겸한 입체적 예술 경험을 함께 나눌 수 있었다. 오케스트라의 극적 연주 끝에는 교감선생님을 중심으로 교사와 학생으로 구성된 뮤지컬 공연이 이어지면서 콘서트는 막을 내렸다.

콘서트 연주에 참여한 100명이 넘는 학생 중 대학에서 음악을 전공하고자 하는 학생은 한두 명에 불과하다. 음악을 사랑하는 순수 열정으로 뭉친 학생 연주자들에 의해 진행되는 것이다. 학교 음악시간에, 그리고 1인 1기를 통해 갈고 닦은 실력만으로도 감동을 주는 공연을 펼치는 것이다.

연주하는 광경을 직접 보면서 감상하는 콘서트는 이어폰으로 음악을 듣는 것과는 전혀 다른 기쁨과 감동을 준다. 특히 연주하는 학생들이 지휘에 맞추기 위해 집중하고, 함께 연주하는 친구들과 조화를 이루기 위해 눈빛을 주고받는 모습, 독주하는 학생이 악기와 하나가 되어 몰입하는 모습은 큰 감동으로 전해진다.

학생들이 보여주는 그날의 공연뿐만 아니라 몇 개월 동안 이 아름다운 하모니를 만들기 위해 자신의 시간을 쪼개어 땀 흘려 연습했을 모습이 떠오르면 마음 한편이 짠하다.

연주자는 정해진 수업시간을 잘 관리하여 연습 시간을 쪼개야 하고, 함께 연주해낼 수 있는 수준까지 집중해서 연습해야 하며, 기량이 되면 이젠 다른 악기 연주자들과 조화를 이루어야 한다. 지휘자가 요구하는 수준 높은 작품의 완성도를 위해 함께 연습하

매해 가을에 열리는 CNSA 콘서트! 학생들의 예술분야 교과활동이나 비교과 활동의 결실을 함께 나누는 장으로 학부모와 학생들이 깊은 가을밤, 매혹적인 선율에 빠진다.

고 또 연습한다. 그래서 연주에 참여했던 학생들은 음악적 기량만을 연습하는 것이 아니라 또 다른 삶을 배우게 되는 것이다.

우리 학교 음악 교육에서 빼놓을 수 없는 것이 1학년 전교생의 합창 교육이다. 매년 1학년 360명으로 구성된 합창공연을 한다. 전원이 함께 연습할 수 없기 때문에 1학년 필수로 되어 있는 음악 시간에 연주할 합창곡 전체를 감상하면서 자신이 불러야 할 파트를 연습하게 된다.

이 합창공연은 깊은 가을에 열리는 콘서트 때 연주하는 것이 아니라 매년 2월 거행되는 졸업식에서 공연한다. 1학년 전원은 졸업하는 선배를 위해 학교에서 쌓았던 추억을 담아내고, 졸업을 축하하며, 앞길을 축복하는 공연을 하는 것이다.

졸업생들은 학교를 떠나게 되지만 마음 한 구석에 CNSA 가족이라는 의식을 분명히 하게 되며 후배들의 정성을 마음으로 느끼게 된다. 음악을 통해 하나가 되는 것이다.

이렇듯 우리 학교의 음악 활동은 바른 품성의 미래 인재를 키우는데 있어 기둥과 같으며 인성 교육을 위한 중요한 장이 되고 있다.

4장

세상이 필요로 하는
인재를 만든다

세계에서 인사를
가장 잘 하는 학교

"아니, 이 학교 학생들은 만나는 아이들마다 생글생글 웃으며 밝
게 인사하네요."

학교에 방문하는 사람들마다 한결같이 칭찬삼아 건네는 말이
다. 우리 학교 학생들의 인사는 그냥 하는 인사가 아니다. 마지못
해, 어쩔 수 없이 어른이니까 하는 인사가 아니라는 것이다. 한마
디로 몸과 마음에 자연스레 배여 있고, 밝은 표정에 목소리가 더
하여 표현되는 인사인지라 상대방이 저절로 기분이 좋아진다.

학생들이 이렇게 인사성이 맑고 밝은 인성을 지니게 된 것은
다 학교의 건립이념에 걸맞은 교육에서 비롯된다.

언제부턴가 우리 사회는 인성이나 인품보다 학력이나 능력을 중시하는 가치관이 형성되었다. 학교에서도 성격이 좀 못됐다 하더라도 공부만 잘하면 인정받고 심지어 칭찬받는 학생이 되었다. 심지어 기업의 인재 선발에도 학교 성적이나 학력을 우선하여 선발하는 경우가 허다했다.

이러한 사회적 분위기는 학교교육에 적지 않은 부정적 요소로 작용했다. 공부만 잘하면 행실이 그리 바르지 않아도 묵인되고 용납되는 경우가 많았다. 오랜 반복 훈련과 고도의 절제를 요하는 인성교육에 비하여 단기간에 손에 잡히는 성과를 거둘 수 있는 지식 위주의 교육을 선호하는 것도 한몫하였다.

하지만 사회가 다변화 되고 글로벌 사회가 되면서 우수한 인재에 대한 가치관이 바뀌게 되었다. 우리가 바라는 만족한 삶이란 좋은 직장이나 돈을 많이 버는 것이 아니라 기쁨을 얻는 것이며, 더 나아가 다른 이들의 삶 또한 윤택하게 하는 것이어야 한다. 학교가 키워내야 할 능력 있는 인재도 함께 사는 세상을 만들어갈 줄 아는 사람이어야 한다.

그래서 강조하는 것이 바로 인성 교육이다. 인성교육은 학교에서만 하는 것이 아니라 일생을 통해서 꼭 갖추어야 할 모든 교육에 우선하는 것이다.

우리 학교에서는 인성교육에서의 기본이 바로 인사라고 여겼다. 그래서 세계에서 가장 인사를 잘하는 학교로 만든다는 것을 목표로 정하게 되었다. 인사를 통하여 스승과 제자의 사랑과 존경에 대한 본래의 모습을 구현해보고자 했다. 사제 간 교감은 우선 얼굴을 맞대고 인사하는 것에서 비롯되고, 이를 통해 상대방에게 나라는 존재를 확인시키며, 그 다음 내가 필요한 것이 무엇인지 진실한 대화가 오가는 것이다.

그래서 우리는 MSMP 기간 동안 제일 먼저 인사하기의 중요성부터 가르쳤다. 잘 하라고 가르치기보다 선생님들이 먼저 본을 보여주는 것에서 출발했다. 그래선지 MSMP 기간 중 학생들이 가장 크게 변화한 것은 자연스럽게 인사하되 표정이 밝아지고 목소리의 톤도 높아졌다는 것이다.

인사人事란 한자어에서 보듯이 사람을 섬기는 마음을 행동으로 표현한 것이다. 인사를 잘한다는 것은 상대방에게 좋은 인상을 주는 것 외에도 많은 교육적 의미를 지니고 있다.

가장 중요한 것은 자신의 몸을 낮추는 겸손의 미덕을 갖게 되는 것이다. 위대한 인물(큰사람)과 진리 앞에 머리 숙여 겸손을 표하는 것은 배우는 사람의 기본자세다. 큰사람이 되기 위해서는 섬길 줄 알아야 하고, 학문적으로 크게 성취하기 위해서는 정말 알아야 할 것을 모르고 있다는 겸손한 마음이 있어야 한다.

인사는 또 예의 바른 사람으로 보이게 한다. 처음 만나는 사람이나 어른과의 대면에서 인사를 잘하면 "그 녀석 참으로 예의가 바르군." 하는 칭찬의 말이 먼저 나오게 된다. 자신의 내면을 아무 것도 보여주지 않았음에도 단순히 인사 하나만으로 이런 평가를 받을 수 있다면 상당한 성과를 거둔 것이다. 그러면서 따라 나오는 표현이 참 가정교육이 잘 되었다는 것이다. 바로 부모님도 좋은 평가를 받게 한다는 점이다. 예의를 지켜 서로 간 존중을 표하는 행위이니 상호 간 소통함에 있어 중요한 시발점이 된다.

인사를 잘하면 또한 상대방에게 상당한 호감을 준다. 상대방에게 착하고 선한 인상을 준다. 어른이라면 기특하게 여길 것이고, 비슷한 또래라면 친밀감을 느낄 것이다. 인사는 첫 인상을 좋게 하여 거부감 없이 상대방을 무장 해제할 수 있는 힘이 있다.

또한 상대방이 나에 대해 가지고 있는 긴장감이나 어색함을 해소해 주기 때문에 상대방의 마음을 편하게 해주며 유대감을 키워 좋은 인간관계를 맺게 한다.

그러니 인사는 내 마음을 표현하는 매개체, 내 마음을 전달하는 매개체, 돈 들이지 않고도 상대를 기분 좋게 하는 것이다.

02

솔선수범
습관 형성의 지름길

몸에 밴 나쁜 습관을 버리고 올바른 습관을 형성하는 일은 강요한다고 해서 되는 일이 아니다. 스스로 느끼고 필요하다고 판단하여 자발적으로 나쁜 습관을 없애려고 노력해야 가능한 일이다.

학교에서는 어떻게 하면 습관형성이 가능할까를 고민하여 대책을 마련하기 위한 교사-법인 T/F팀(MAP-T/F팀)을 꾸렸다. 학교 사회에서는 익숙하지 않은 이 프로젝트팀은 자칫 구호에 그치거나 추진 의지가 쇠퇴하기 쉬운 활동의 구체적 실천 아이템을 찾아 실행하자는 취지로 조직했다.

솔선수범은 백 마디 말보다 더 효과적이다. ~하지마라, ~해서는 안 된다는 말은 아예 없애고 선생님들이 몸으로 보여주고 학생들이 느끼게 해주는 것이 중요하다.

가장 먼저 시작한 것은 시간준수 습관 형성을 위한 솔선수범 활동이다. '수업에 늦지 말라'고 이야기하는 대신, 교과교실제의 특성을 살려 선생님들이 교실에 먼저 대기하여 학생을 맞았다. 교사는 수업 시작 2분 전 예령이 울리면 입실하여 칠판 정리 상태 등 수업 환경을 확인한다. 학생들이 들어오면 반갑게 인사하거나 안아 준다. 그리고 정시가 되면 수업을 시작한다. 이러면 학생들은 수업시간을 지키지 않을 수 없다.

선생님의 마음이 전해졌을까 시간 지키기 습관은 수업뿐 아니라 일상생활로도 번져가기 시작했다. 학생들의 자치기구가 스스로 움직이기 시작했다. 학생회장을 중심으로 학생들 스스로 창의위원회와 품격위원회를 구성한 것이다. 여기에서 활동할 위원 선발 또한 학생회장 및 HR대표단이 중심이 되어 지원자를 모집하고, 자율적으로 캠페인 운동을 시작한 것이다.

쓰레기 줄이기 UCC가 대표적 사례다. 언론동아리 학생들이 주축이 되어 제작한 이 UCC는 친구들이 아무 곳에나 거리낌없이 쓰레기를 버리는 나쁜 습관을 스스로 고쳐보자는 취지에서 출발했다. 창틀 위에 버려진 우유팩, 홈베이스 개인 락카 주변의 자질구레한 쓰레기, 쓰레기통 옆에 떨어진 휴지 뭉치 등등… 이런 볼

시간 지키기, 질서준수, 식사예절 습관 향상을 위해 자율 캠페인을 벌인다. 또 쓰레기 줄이기 UCC 는 아무 곳에나 거리낌 없이 쓰레기를 버리는 나쁜 습관을 고치기 위해 만든 동영상이다.

썽사납고 부끄러운 모습을 촬영하여 보여주고, 스스로 주변을 청결히 관리하여 깔끔한 학교를 만들자는 메시지를 담았다.

이렇게 만들어진 UCC는 약 2주일간 교내 곳곳에 부착된 학사 안내보드를 통해 상영되었다. 이 UCC를 보기 위해 걸음을 멈춘 학생들은 스크린에 등장하는 친구들의 모습을 재미있어 하면서도, 자신들의 나쁜 습관을 고쳐야겠다고 마음먹었다. 실제 UCC

상영 이후 아무렇게나 버려진 쓰레기의 양이 현저히 줄었다는 환경미화 담당자의 증언이 이를 뒷받침한다. 이런 과정을 통해 학생들은 스스로의 품격을 한 단계 높였다.

하지만 이 UCC 상영 이후에도 학생들이 버린 쓰레기가 종종 눈에 띄었다. 습관은 하루아침에 고쳐지는 것이 아니다. 쓰레기 줄이기 UCC가 학사보드를 통해 지속적으로 상영되는 가운데, MAP-T/F는 또 다른 캠페인을 펼쳐가기로 했다.

시간 지키기, 질서준수, 식사예절 습관 향상을 위해 '충남삼성 고인들은 보시오!'라는 입간판을 설치하여 학생들의 감성 호소에 나선 것이다. 또 같은 맥락의 글귀를 태블릿 PC에 적어 든 교사들이 식당을 찾는 학생들 앞에 서서 2주간 침묵 캠페인을 시작했다. 식당 퇴식구에는 '잔반을 줄이자'고 쓴 어깨띠를 메고, 식사시간 내내 교사가 직접 퇴식 지도를 진행했다.

반가운 것은 캠페인을 진행하는 교사들의 모습에 감화된 학생들이 함께 참여하고 싶다는 의사를 밝혀 온 것이다. 누군가 요구하지 않더라도, 당연하고 필요한 변화라면 스스로 움직이겠다는 자율 정신이 참으로 기특하고 대견했다.

약 여덟 명의 학생들이 식사예절을 주제로 점심시간에 캠페인을 벌였다. 어깨띠와 피켓에는 '잔반을 남기지 맙시다', '먹을 만큼만 담아갑시다' 등의 문구를 적었다. 피켓을 든 학생들은 자율배

식대 주변에서 캠페인 내용을 부지런히 전파했다. 캠페인 내용에 새로울 것이라곤 전혀 없었다. 몰라서 실천하지 못한 것이 아닌 만큼, 활발한 캠페인 활동은 지켜보는 학생들로 하여금 자발적인 참여와 실천의지를 다잡게 했다.

학생들의 캠페인 참여는 더욱 확대되었다. 몇몇 학생들의 캠페인 활동이 자극제가 되어 다른 학생들도 습관형성 캠페인에 동참하겠다는 뜻을 밝혔기 때문이다.

MAP-T/F팀은 학생들의 참여 요청을 어떻게 현실화시킬 것인지를 고민했다. 학생들과 협의하여 캠페인 조끼를 만들어 'CNSA 릴레이 캠페인'을 진행하기로 했다.

파란색, 초록색, 노란색 조끼를 각 10벌씩 총 30벌을 준비했다. 등에는 시간 지키기, 질서 지키기, 식사 예절 등 중요한 기본 습관에 대한 문구를 새겼다. 완성된 조끼는 15개 HR 학급에 각 2벌씩 전달했고, 날마다 2명의 학생이 하루 종일 조끼를 입고 생활했다. 캠페인 기간 중 모든 학생이 하루씩 릴레이 방식으로 조끼를 착용했다. 하루 활동이 끝날 때마다 기입장에 각자의 소감을 진솔하게 적었다.

335명의 학생이 한 사람도 빠짐없이 캠페인에 참여하고 소감을 기록하면서, 올바른 습관 형성이 강하게 자리잡았다. 교정 곳곳에서 조끼에 적힌 문구를 통해 자신의 행동을 돌아 보았고, 조끼를 입은 당사자는 조끼의 문구에 유의하면서 친구들의 동참을 유도했다.

바른 습관 형성을 위한 학생 주도 캠페인은 계속되었다. 자발적으로 진행하는 활동이라 더욱 진지한 표정이었고, 변화하는 친구의 행동을 보면서 스스로가 신기하고 신이 났다.

학생자치기구의 품격위원회도 바른 습관 형성을 위해 별도의 피켓 캠페인을 진행했다. 마치 우리 학생들 전체가 하나의 유기체인 것처럼, 자신의 성장과 발전을 위해 끊임없이 전진했다.

MSMP를 통해 변화하고 성장한 것은 학생들의 올바른 습관형성만이 아니다. 학교 생활 중 나의 모습은 나에게서 끝나는 것이 아니라 다른 사람의 환경이 되고 있다는 사실을 깨닫게 된다. 스스로 행동하는 자율성이 생겼고, 스스로 품격을 갖추게 되었으며, 할 수 있다는 자신감이 가슴 속에 자리하게 되었다.

03

학생의 이름을 불러주는 선생님

누군가를 만났을 때, 별 특징 없는 내 이름을 기억해주면 괜히 기분이 좋아진다. 내가 누군지, 무슨 일을 하는 사람인지까지 기억해주면 더욱 좋겠지만 단순하게 이름만이라도 잊지 않고 불러준다면 그 사람이 마냥 좋아 보이는 것이다. 그만큼 이름을 기억한다는 건 사소한 듯하면서도 대단한 관심과 마음 씀씀이의 표현일지도 모른다.

이것이 바로 이름 불러주기의 힘이다. 누군가 내 이름을 불러주었을 때 느끼게 되는 친근감, 바로 그 사람에 대한 호감도 상승의 효과가 나타난다.

성공한 사람들, 인정받는 리더를 보면 상대방의 이름을 잘 외우고, 과하지 않은 관심을 보인다는 것이다. 상대방이 거부하지 않을 만큼의 관심을 보이고 편안하게 다가가 소통할 수 있는 가장 좋은 방법이 바로 이름을 외워서 불러주는 것이다.

"내가 그 이름을 불러주기 전에는

그는 다만 하나의 몸짓에 지나지 않았다.

내가 그의 이름을 불러주었을 때

그는 나에게 꽃이 되었다.

내가 그의 이름을 불러준 것처럼

나의 빛깔과 향기에 알맞은 나의 이름을 누가 불러다오.

그에게 가서 나도 그의 꽃이 되고 싶다."

김춘수 시인의 이 〈꽃〉이라는 시 구절은 바로 이 이름 불러주기의 힘을 극대화하여 표현한 것 같다. 이 이름 불러주기의 힘을 강하게 믿어온 사람으로서 우리 학교에서도 이를 실천하는 것이 좋겠다고 생각했다.

학기 초에 교직원에게 학생들의 이름을 외워서 불러주는 것이 좋겠다는 의견을 냈고, 모든 교직원이 찬성했다. 이를 실천하기 위해 '학생 이름외우기 콘테스트'를 갖기로 하고, 학기 초에 미리 대회 날짜를 공표했다.

이름을 외워서 불러주는 것은 원활한 소통의 기본이 되고, 학생은 스스로 강한 자존감을 느끼게 될 것이다. 선생님들이 학생의 이름을 불러주면 그 학생은 결코 엇나가지 않을 것이라 생각했고, 교직원 전체가 학생을 함께 보살피고 격려해야 한다는 믿음에서 시작되었다.

이 행사에는 실제 거의 모든 교직원이 참여했다. 교사는 물론 원어민 선생님, 사감선생님과 행정조교 담당선생님, 학교법인 사무국장 및 행정직원 전원이 참석했다. 다소 업무 연관성이 적은 시설 담당 기사님은 PPT 작동 등 행사를 직접 진행했다.

콘테스트의 형식은 키나 덩치가 크지도 작지도 않아 외모적 특징이 두드러지지 않은 학생들, 가장 평범하다 여겨지는 학생 50명의 사진을 보여 주고 그 학생의 이름을 쓰는 형태로 진행했다. 그 50명에는 누구든 쉽게 알아볼 만한 학생회장이나 반장의 얼굴은 찾아 볼 수 없다.

결코 쉽지 않은 시험이었으나 약 70여 명의 참가자 가운데 만점자가 10명이 나왔다. 전체 학생의 사진을 출력해 사무실 문에 붙여 놓기도 하고, 식당 입구에 게시해 놓고 틈나는 대로 한 명 한 명 외운 결과였다.

이 자랑스러운 만점자들은 박수와 부러움을 한 몸에 받았고,

이튿날 점심시간에 교장선생님으로부터 특별한 식사를 대접받는 것으로 축하받았다.

교육은 크고 거창한 것에서 변화를 유도하는 것이 아니다. 소소하지만 실제적이고 실천 가능한 방법으로 학생들에게 감동을 줄 때 변화를 기대할 수 있다.

'학생 이름 불러주기'는 교사와 학생 간 존중하고 배려하는 태도를 기반으로 의미 있는 소통이 되어 준다. 학생들은 자신의 이름에 걸맞은 책임감 있는 행동을 이끌어 자존감을 높이고 품격을 향상하여 학교폭력 예방에도 일조하고 있다.

들판에 피는 꽃에도 자기만의 이름이 있다. 코스모스, 들국화, 쑥부쟁이 등 이름이 불리는 순간은 정말 아름다운 들풀이 된다. 하지만 우리가 이름을 알지 못하는 풀들은 단순한 잡초로 전락해 버린다.

학생들이 특별하면서도 각자 행복한 꿈을 찾아가는 것도 어쩌면 그의 이름을 불러주는 작은 마음에서 시작되는 것이 아닐까.

너의 이름을 부르다
이름을 기억하는 일

교사 이언지

그 즈음이었다.

알알이 굴러들어와 섬광처럼 빛을 낸 게.

자지러지듯 흘러들어 살결과 핏줄 속에 길을 낸 게.

아이들의 웃음은 그런 것이었다.

작은 몸집보다 큰 책가방을 인 뒷모습이

우주가 되어 열린 이후

우리의 눈빛은 통일(統一)이 되었으니……

나의 교직생활, 학생들을 참으로 사랑했다. 다가가는 건 내겐 대단히 쉬운 일이었다. 사랑을 주고받는 법을 가르치겠노라고 감히 자신했었다.

활발한 학생, 웃는 모습이 예쁜 학생, 반항적이지만 실은 사랑을 갈구하는 학생…… 아이들 수만큼이나 숱하게 많은 류의 세상이 옹기종기 모인 학교라는 곳에 '왕도(王道)'란 없다. 두 손은 칠판을 종횡하면서 학생의 눈물도 닦아야 했고, 입은 교과 내용을 외치면서 삶의 위안과 격려를 함께 건네야 했다. 학교는 아이들의 성장만큼이나 바쁘게 흘러가는 삶의 전답(田畓)이었다. 그 속에서 가시 돋친 장미가 발견되면 행복한 숙제를 얻었다고 생각했고, 잘린 밑동은 끌어안으며 그것이 진정한 사랑의 실천이라 여겼다. 그것이 교사의 사명라고…… 그 이름의 수만큼이나 벌판을 가득 수놓은 들꽃과 눈을 맞추기 전까지 참으로 바빴다.

세상에는 가시 돋친 장미나 사연 있는 나무 밑동보다 아름다운 들꽃이 더 많다. 그것을 알면서도 정작 들꽃 하나하나에 사랑의 말을 건넨 적이 있었던가.

군중 속 고유명사가 있었다. 일 년을 지켜봐왔지만 새로운 학기에 들어 교장선생님께서 나눠주신 명렬표와 사진을 바라보다 뒤늦게서야 인지한 그 이름. '이언지 교사의 분반'이라는 타이틀의 명렬표 안에서 말이 없던 그 고유명사는 더듬어 본 내 기억 속에서도 말이 없었다.

늦게서야 기억된 이름은 마치 오래된 친구와도 같은 착각을 불러일으켰다. 아니, 존재의 애틋함이었을까. 너무나 반가운 나의 호명(呼名)에 아이는 몇 번이고 의심하는 듯한 눈초리로 나를 찔러댔다. 그리고 재 호명된 자신의 이름 앞에서 그 들꽃은 마침내 환하게 웃으며 내 곁을 나비처럼 재잘대며 춤추었다. 그 청량한 몸짓과 미소, 큰 칭찬이라도 받은 듯한 으쓱거림…… 내가 미처 늦게 발견한 것일까, 그 아이가 변한 것일까. 생명력을 얻은 아이는 목소리도 미소도 미간의 솜털까지도 참, 예쁜 모습이었다.

그렇게도 좋아하는 아이들과의 만남을 앞두고 '내가 어떻게 보일까'를 고민하기보다 '그들이 어떤 대상일까'에 더 관심을 가졌어야 했다. 그랬다면 더 빨리 그 아이의 미소를 만날 수 있었을 텐데.

내가 지나쳐 왔을 고유명사들을 떠올렸다. 조금 서툴렀던 교사가 늘 곁에 있었다는 사실을 알았다면 그 수많은 고민의 말들이 입 안에서 사라지지는 않았을 것이다.

그렇게 많은 아이들이 생명을 얻었고 그 후 '우리'의 일상은 바뀌었다. 학생 한명 한명의 눈빛이 파장이 되어 전해진다. 아픈 학생에게 치우쳤던 감정적 스킨십 대신 고른 태양빛처럼 모두에게 눈길을 주는 여유도 생겼다. 물론 그들 역시 '아픔'을 가지고 있다는 새삼스러운 발견도 있었다. 서로에게 관심이 늘고 인격체로서 동질감마저 드는 건 비약일까? 마주하고 있는 미소에 진심이 담겨있으니 마치 '진짜 교육'을 하고 있다는 뿌듯함도 크다.

'얘들아, 관계란 이런 거야. 한 사람 한 사람을 있는 그대로 소중하게 바라보는 것. 이제 먼저 그 소중한 존재를 불러보렴.'

유명 시구처럼 이름이 그 존재 자체를 대변할 수는 없을 것이다. 외려 이름 안에 미처 다 담을 수 없는 존재의 가치를 사랑하기 시작하는 일이 '이름 부르기'의 의미가 아닐까. 그 이름이 다른 이름을 부르고, 사랑이 사랑을 낳고, 그렇게 그들의 우주가 조금 더 풍성해지는 일, 부자(富者)가 되는 일이다.

오늘은 어제보다 내 마음이 풍성하니, 더 많은 아이의 이름을 불러줄 참이다. 이제 진짜 사랑을 주고받는 법을 가르칠 일만이 남았다.

나는 꽃이 되었다
학생 이름 불러주기

이상은 홍민우 오유진

FB리그 농구 경기를 할 때였다. 1학년 친구들이 보는 앞에서 하는 농구 경기가 너무 긴장되고 떨렸다. 특히 체육과는 거리가 먼 나는 창피를 당하는 일이 벌어질까봐 걱정되었다. 경기 해설은 체육 선생님께서 보셨다. 경기를 시작 전 선생님은 나를 '맨 날 웃는 이상은'이라고 소개했다.

경기 도중 혼자 공을 잡다가 두 번이나 넘어졌다. 전교생이 보는 앞에서 넘어지다니 정말 어디라도 숨고 싶었다. 그 와중에 선생님은 "누구죠? 아 역시 이상은이네요"라고 해설하셨다. 나를 놀리는 것 같기도 하고 격려하는 말 같기도 했는데 이 말을 듣고 부끄러움이 사라지고 웃으며 경기에 임할 수 있었다. 선생님이 내 이름을 불러준 것만으로도 자신감이 생겼고 웃음을 찾을 수 있었던 것이다. 농구를 잘하는 게 중요한 것이 아니라 모두가 웃으며 즐길 수 있는 데 목적이 있다는 것을 느낄 수 있었다.

이후 나는 운 좋게 자유투 두 개를 얻었다. 자유투가 다 골 주변에 가지도 못하고 포물선을 그리며 떨어졌지만 나를 비롯한 모두가 이 상황에서도 웃을 수 있었다. 덕분에 우리는 재밌고 좋은 추억을 만들 수 있었다. (1-3 이상은)

중학교에서는 보통 강의식 수업을 했기 때문에 발표할 때가 아닌 이상 선생님이 내 이름을 부를 일이 별로 없었다. 선생님은 나뿐 아니라 모든 친구의 이름을 부르는 일이 거의 없었기에 그것이 당연하다고 여겼다.

고등학교에 입학하고 나는 특별한 경험을 하였다. 모든 선생님이 학생의 이름을 외우는 것이었다. 전혀 경험하지 못한 일이어서 낯설게만 느껴졌다. 하지만 수업시간 중 특히 토론활동이나 조별활동을 할 때 선생님이 내 이름을 불러주면 왠지 발표를 더 잘할 수 있었다. 왠지 모르겠지만 더욱 자신감이 생겼고 발표도 적극적으로 할 수 있었으며, 수업시간에 더 집중할 수 있었다. (1-7 홍민우)

나는 원래 영어에 자신감이 없었다. 영어가 자신의 모국어인양 술술 말하는 친구들에 비해 나는 완전한 문장을 구사하려고 노력하지만 그게 쉽지 않아 단어들만 나열하여 말하곤 했다.

그런 나의 마음을 알아챈 선생님은 항상 이름을 불러주면서 나의 의견에 귀 기울여주었다. 그리고 내가 나열한 단어를 완전한 문장으로 조합하여 다시 정리해 주셨다. 이렇게 직접 나의 이름을 불러주니까 나를 더 신경써주는 느낌이 들었고 자신감이 생겼다. 선생님의 정성에 힘입어 앞으로는 잘하는 친구들 때문에 기죽지 말아야겠다고 생각했고, 수업시간에 더 적극적으로 나의 의견을 전달할 수 있었다. 선생님이 나를 신경써주는 만큼 더 열심히 해야겠다고 생각했고 시험기간에 영어를 더 즐겁게 공부할 수 있었다. 선생님이 내 이름을 불러주는 것이 큰 동기부여가 되었다. (2-A1 오유진)

배워서 남주자
80시간의 봉사

단군신화에 보면 하늘에 있던 환웅桓雄이 땅에 내려와 나라를 세우고, 그 나라에서 이루고자 한 뜻이 홍익인간弘益人間이었다. 우리는 홍익인간, 즉 '널리 인간을 이롭게 하라'를 교육이념으로 삼았다.

'널리 인간을 이롭게 하는 것'의 주체는 지도계층을 말하는 것이니 지도자로서 품성을 갖추어야 한다는 것이 전제되어 있다. 지도자가 된 자는 군림하지 않고 많은 사람들에게 도움이 되는 일을 하라는 뜻이 담겨 있다. 다시 말해 우리나라에서 교육을 받는학생은 누구든지 리더의 자질을 갖고 있으며, 자신의 이득을 취하고 권력을 휘두르는 것이 아니라 남을 널리 이롭게 하라는 의미가 담겨 있다. 이것이 우리나라 교육의 기본 방향이다.

이 홍익인간을 교육이념으로 삼았다는 것을 지금의 학교 교육 현장의 말로 바꾼다면, 학교는 지도자 육성을 위한 교육을 해야 하고, 지도자 교육은 남을 위한 봉사이어야 한다는 것이다.

남을 위해 산다는 것은 한국인으로서 해야 할 마땅한 도리이기는 하나 자연스럽게 타고나는 것이 아니다. 때문에 의도적인 노력과 훈련, 경험이 요구된다. 학교에서 교육을 받는 중에도 남을 위해 자신의 시간이나 소유물을 내어 놓을 수 있는 작은 실천들이 모아졌을 때 봉사가 삶의 일부가 될 수 있는 것이다. 남을 위해 무언가를 내어 놓는다는 것은 작든 크든 꾸준한 실천이 따라야 한다. 그러한 봉사적 삶에 대한 좋은 사례들을 많이 접했을 때 남을 널리 이롭게 하는 삶을 살 수 있는 것이다.

우리 학교에서는 국가 교육과정상 창의적 체험활동을 의무적으로 해야 하는 봉사활동 시간 외에 자신이 혼자 또는 친구들과 함께 봉사하는 시간을 갖게 한다.

국가 교육과정상 의무적으로 해야 하는 봉사활동을 채우는 것도 만만치 않다. 하지만 거기다 자기주도적 봉사활동을 80시간 이상 더 가져야만 졸업할 때 디플로마(졸업인증)를 받을 수 있다. 이는 우리 학교 교육의 기본 방향으로 삼고 있는 1업業 5행行에서

5행의 완성은 선행으로 이루어진다는 것과 맥락이 닿아 있다.

이는 고등학생들의 현실을 이해하지 못하는 비현실적 요구라고 생각할지도 모르겠다. 하지만 우리 학교는 자기관리를 넘어 남을 배려하고, 남을 위해 자신의 소중한 것을 포기할 수 있는 삶이야말로 품격 있는 삶이라는 교육적 철학을 견지하고 있음을 강조하고 싶다.

1기 학생들이 이 80시간을 다 채우지 못해 디플로마를 취득하지 못한 사례가 생겨 시간을 좀 줄여야 하지 않나 하는 갈등이 생겼던 것도 사실이다. 하지만 1학년부터 2학년 말까지 한 학기에 20시간은 자신의 계획 하에 봉사활동을 해야만 자연스럽게 몸에 밸 수 있다는 논의 끝에 결정한 것이라 계속 추진하기로 했다.

학생들은 1기 학생들에게서 힘든 고비가 생겼음에도 불구하고, 80시간이 변함없는 학교의 방침이라는 것을 알게 되었다. 그러자 자기 주도하에 봉사활동을 생활화하기 시작했고, 다양한 형태로 활동 반경을 넓혀가기 시작했다.

특히 학습과 봉사를 연계하는 바람직한 모습을 보이기 시작했다는 점이다. 자신이 배워서 익힌 것, 그 결과를 남을 위해 사용함으로써 오히려 학교생활을 더 충실하게 하는 촉매제가 된다는 것이다.

우리 학교에는 학생들이 선호하는 '창공설'이라는 동아리가 있다. '창의공학설계'를 줄여 부르는데, 공학적 소양이나 관심이 있는 학생들의 모임이다. 이들은 컴퓨터 프로그램으로 자신이 만들고자 하는 결과물을 디자인하고, 목공 또는 3D 프린팅이나 레이저 커팅을 통해 설계한 제품을 만든다. 이렇게 제작한 제품을 기증하거나 자신이 배운 창의공학설계 기능을 바탕으로 어린이들에게 과학 실험과 메이커 교육을 가르치는 봉사활동을 하고 있다.

이 동아리는 개교했던 2014년 3월부터 현재까지 아산시 다문화 어린이들에게 주니어공학교실을 60회 이상 운영했다. 2015년 1월부터는 삼성디스플레이의 지원을 받아 구입한 목재를 가공하여 다양한 맞춤형 가구를 제작하여 아산 관내 기초 수급 가정에 기증하고 있다. 저소득 가정의 학생들을 위해 책상과 의자를 제작하기도 하고, 어른들이 사용할 간단한 장도 직접 제작하여 실질적인 도움을 주고 있어 학교와 지역사회 간 좋은 관계를 형성하는 데 기여하고 있다.

현재 3학년에 재학하고 있는 강지윤이란 학생은 2학년 말까지의 봉사 시간이 무려 258시간이나 된다. 이 학생은 주로 영어로 봉사한다. 굿네이버스에서 아동들이 쓴 편지를 번역하는 일, 국제교류문화 진흥원에서의 관광통역 영어해설 자원봉사, 나눔코리아 문서의 영어 번역 등 학교 공부를 통해 갈고 닦은 영어 실력으로 이런 봉사를 하고 있는 것이다.

모내기나 벼베기 체험 봉사 활동, 영유아나 보호시설을 찾아 마음과 재능을 나누는 시간들. 자신이 배워서 익힌 것, 그 결과를 남을 위해 사용함으로써 학교생활을 더 충실하게 하는 촉매제가 된다.

공부하기도 바쁜 학생들이 어떻게 이렇게 시간을 내어 봉사를 할 수 있을까 하는 의문이 들 수도 있을 것이다. 봉사는 하고 싶은 것을 다한 다음 남는 시간에 하는 것이 아니다. 봉사는 내 생활의 우선순위에 먼저 등록해 놓고 관리하면 얼마든지 가능하다는 것을 이 학생들이 잘 보여 주고 있다.

학생들의 봉사활동을 보면서 우리나라의 교육현실이 아쉽기만 하다. 우리나라는 대학입시에 가까울수록 남을 봉사나 섬김의 대상으로 생각하기보다는 경쟁상대로 생각하게 만드는 교육을 해오고 있는 것이 현실이다.

학교의 성적 체제가 전교생 중 4%만 1등급을 받으니 친구와는 함께 좋은 성적을 받을 수가 없다. 친구는 함께 성장해야 할 동반자가 아니라 나 보다 조금 못한 존재였으면 하고 기대하게 되는 구조가 만들어져 있다는 것이다.

이것은 우리 학생들의 잘못이 아니다. 우리 어른들이 만든 잘못된 교육 구조이다. 우리 교육의 현실이 홍익인간의 이념과는 오히려 상반되어 있으니 지금이라도 원래 우리 교육의 이념대로 회복되기를 기대한다.

품격은
자율과 창의에서

우리 학교의 교훈은 자율自律, 창의創意, 품격品格이다. 일반적으로 학교의 교훈은 교실 앞에 의례적으로 붙여 놓거나 교육계획서를 만들 때 앞부분에 소개하는 정도가 대부분이어서 교육활동과 직접 연계 되지 않는 경우가 많다.

학교 교훈은 개교와 동시에 이미 정해져 있고, 학교 관리자는 계속 바뀌게 된다. 그러다 보니 교훈이 학교 경영자의 교육철학과 일치하지 않는 경우도 많고, 교육과정을 편성하고 운영에 맞추는 것 또한 간단한 일이 아니기 때문이다.

우리는 개교 준비를 하면서 학교가 길러내고자 하는 학생상을 포괄적으로 담게 될 이 교훈이 실제의 교육과정의 편성이나 운영, 학생들의 학교생활에서 구현될 수 있는 시스템을 만들고자 노력했다. 학교생활에서 '자율'적으로 움직이지 않으면 안 되고, '창의'적이지 않으면 졸업하기 어렵고, '품격'을 갖추지 않으면 학교의 중요한 일을 할 수 없도록 시스템을 구축했던 것이다.

학교생활 중 가장 중요한 일주일 동안의 수업시간표는 학교에서 미리 반별로 작성하여 주어지는 것이 아니라, 모든 과목을 각자의 진로에 맞춰 스스로 선택하게 되어 있다. 스스로 결정할 수 있는 자율성을 갖추지 못하면 수업조차 들을 수 없는 구조다.

학교 교훈을 체득해야만 하는 결정적 모습은 학생회 조직이나 명칭에서도 엿볼 수 있다. 우리 학교의 학생회는 국가의 정치 체제와 같이 3권 분립의 구조를 갖추고 있다. 행정부에 해당하는 학생회가 창의위원회이고, 입법부가 자율위원회, 사법부가 품격위원회이다.

자율위원회는 학생들에게 필요한 최소한의 규정인 학생 생활 규정을 제정하고 개정하는 권한을 가지고 있다. 말 그대로 전교생들의 의견을 수렴하여 학생들의 자율적 활동을 보장하는 제 규정을 만들고, 집행부에 해당하는 창의위원들에게 전달하여 시행하도록 한다. 뿐만 아니라 창의위원들의 학생회 활동에 대하여 심의 견제하는 역할도 한다. 즉, 학생회 대의기구로서 여론 수렴, 건의,

의결 감사 활동을 하는 기구로서 각 학급의 대표가 구성원이다.

자율위원회가 중심이 되는 학생회 대의원에서는 학생들의 의견 수렴을 검토한다. 학생들의 건의사항 중 학교 차원에서 개선이 필요한 것은 의결 안건으로 처리한다. 학생회 대의원회 전체 의견으로 채택된 건의사항은 학교측(교장)에 전달하고, 교장은 담당 부서 선생님과 의논하여 수용여부를 결정하여 반드시 알려 주게 하였다. 학생들의 건의 사항이 수용되기도 하지만, 가끔 수용할 수 없는 사안에 대해서는 충분한 설명을 통하여 학생회가 납득할 수 있도록 소통의 문을 열어 두고 있다.

품격위원회는 학교생활 규정을 홍보하고, 학생 자치 법정을 운영한다. 품위 있는 학생문화 조성을 위해 규정이 제대로 지켜질 수 있도록 캠페인도 하고, 위반 학생들에 대해서는 학생 자치 법정을 통하여 객관적 사실과 규정에 의하여 재판을 통한 구형(벌칙)을 결정하기도 한다.

학생 자치 법정은 학생들에 의해 진행되며 일반 법정과 다를 바 없다. 판결에 대한 책임을 맡고 있는 판사 2인, 학교생활 규정 위반에 대한 책임을 묻는 검사 6인, 위반자(피고)에게 부당하거나 과한 벌이 구형되지 않도록 권리를 보호해 주는 변호사 6인으로 구성된다.

이 학생 법조인은 투명하고 엄격한 선발과정을 거쳐 임명된다.

학생회 활동은 민주시민으로서 주인의식을 갖고 주체적으로 살아갈 수 있는 역량을 키워 주는 장이다. 학생 대표에 출마하고 선거에 참여하는 자율과 창의 활동을 통해 스스로의 품격을 높인다.

이에 관심을 갖는 학생은 누구나 신청할 수 있게 하되 서류 심사와 CNSA 사법시험에 일정 점수를 받은 학생 중 면접을 통해 선발된다. 사법시험은 우리나라의 법률 중 인권과 학생에 관련한 법조문부터 우리 학교의 제 생활 규정 전체가 출제 범위이다.

공정한 판결을 내리기 위해서는 판사들도 철저한 준비가 필요하다. 판사는 최종 결정을 내리기 전에 배심원단의 의견을 필히 참고하도록 했다. 품격위원 9인으로 구성된 배심원단은 사실 관계에 입각한 공정한 교육처분을 내리기 위해 쉬는 시간도 할애하며 판결문을 작성하고, 학생을 긍정적으로 변화시키기 위한 교육처분을 끌어내기 위해 최선을 다한다.

이런 과정을 통해 재판을 진행하다 보면 위반한 학생도 자신을 돌아보게 되고, 자신이 존중받는 느낌을 받게 된다. 실제 학생법정의 피고석에 앉아서 재판을 받았던 한 학생은 자신의 잘못을 돌아보고 반성하는 계기도 있었지만 자신의 변호를 맡은 학생에게서 받은 감동이 더 컸다는 실례도 있다. 이 학생은 자신의 변호를 맡은 학생이 예상되는 처벌을 보다 가볍게 해주기 위해 친구 그리고 선생님을 찾아다니며 자신의 긍정적인 모습에 대한 자료와 증거를 수집하는 모습을 보고 감동하게 되었다. 그래서 이 학생은 새로운 생활에 대한 다짐의 글을 교장에게 보냈다.

우선 저는 자치법정에 가게 된 후 저를 성심성의껏 변호해주시는 변호사 분들과 옳은 길로 이끌어 주려는 검사분들, 저를 위해 고생하시는 모든 자치법정 구성원 분들께 깊은 감명을 받았습니다. 다시는 그 분들께 죄송해서라도 벌점을 받을 행위를 하지 않고 열심히 살아야겠다고 결심했습니다.

우리 학교 학생회의 창의위원장은 대통령의 역할과 선출 과정이 비슷하다. 대통령은 행정부의 수반을 겸한 국가를 대표한다. 마찬가지로 창의위원장은 창의위원회의 대표일 뿐 아니라 전교생의 대표가 되기 때문에 전교생의 직접 선거에 의해 선출한다. 선거관리위원회에서 대여한 공식 투표소의 물품을 준비하여 참관인을 포함, 사회에서의 투표와 똑같은 방식으로 진행한다. 선거 벽보를 붙이고, 등하교 시간에 후보자 및 운동원들이 인사도 하고, 구호를 외치는 모습은 어느 학교에서나 볼 수 있는 풍경이다.

하지만 우리 학교 학생회 선거의 특이점은 선거 운동기간 중 반드시 전교생이 모인 자리에서 후보자 간 공개 토론을 진행해야 한다는 것이다. 1000명이 넘는 유권자인 전교생은 이 공개토론을 통해 후보 간 특징과 장단점을 확인한다. 이 공개토론은 대통령 후보 간 TV 토론회와 거의 유사한 형태로 진행되며 전 과정은 녹화하여 자료로 남겨둔다.

사회자는 각 후보 개인의 주장만이 아니라 상대방 후보에 대한 질문, 다자간 토론을 통해 후보자의 학생회 발전을 위한 자질과 태도, 의사전달 능력 등을 파악할 수 있도록 토론을 진행한다. 대강당 무대의 대형 스크린에는 각 후보자의 발언 시간을 카운팅하는 전자시계가 게시되어 있다. 사회자는 이를 통해 토론 시간과 룰을 지키도록 엄격하게 진행한다. 유권자인 학생들은 후보자들이 주장하는 내용만이 아니라 상대 후보에 대한 매너와 태도 등을 자세히 살펴 자신의 소중한 한 표를 행사하게 된다.

당선된 학생회장(창의위원장)은 전교생이 보는 앞에서 자신이 공약한 사항을 실천하기 위해 창의위원회의 주요 임원을 임명한다. 학생회를 구성하는 창의위원은 학생회를 창의적이고 주도적으로 끌어가고자 하는 학생들이 신청한다. 신임 학생회장단은 이들을 직접 면접하여 학생회를 구성한다. 그렇기 때문에 창의위원은 이름 그대로 학생이 중심이 되는 활동을 전개하게 된다.

학생회 활동은 이들이 민주사회의 한 사회의 구성인이 되었을 때 일어날 수 있는 사회적 문제에 대해 건전한 민주시민으로서 뚜렷한 주인의식을 갖고 주체적으로 문제를 해결해 나갈 수 있는 역량을 키워 주는 장으로서 역할을 다하고 있다.

학생회는 우리 학교의 교육목표를 구현하는 장임과 동시에 주도적 민주시민으로서 어떻게 권리를 행사하고 어떻게 민주사회를 이끌어 가는지를 훈련하고 배우는 장이 되고 있다.

5장

4차 산업혁명
시대를 준비한다

01

자기주도 학습에 의한
명품 수업

수업은 성장을 경험하는 활동이어야 한다. 그러기 위해서는 교사만 수업을 충실히 준비해야 하는 것이 아니라 학생도 철저한 수업준비가 필요하다. 아무 준비 없이 참여하는 수업과 이전 시간에 배운 것을 익히고 미리 다음 과정을 준비하여 참여하는 수업은 엄청난 차이가 있다. 이것이 제대로 되면 적어도 고등학교에서의 사교육은 줄어들 가능성이 크다.

학교에서 배워야 할 과목에 대한 교과는 교사로부터 처음 배우고, 교사가 제시하는 명확한 학습활동을 확인하는 것만으로도 그 교과에 대한 성취가 이루어질 수 있다는 확신과 믿음을 가져야 하는 것이다.

우리 학교가 1학년 전원 기숙사 생활을 하고, 첫 66일은 주말조차도 외출을 허락하지 않는 가장 큰 이유 중 하나가 선생님과 함께 하는 수업과 그 수업활동을 자기 주도적으로 익히는 것만으로도 충분한 실력을 쌓을 수 있다고 믿기 때문이다. 학교에서 선생님과 학생이 함께 만들어가는 알찬 수업, 그 수업을 자기 주도 학습시간을 통해 내것으로 만들어가는 것이 습관화되면 사실 학원이나 과외는 오히려 시간 낭비이고 짐이 된다.

사교육을 줄이는 방법은 학교 수업에 충실하는 것과 방과 후에도 정규 수업과 관련된 자기주도 학습을 하는 데 길이 있다.

우리는 개교 전부터 수립한 교육과정 운영계획을 바탕으로 과목에 대한 빈틈없는 준비, 효과적인 수업과 학습 유도, 정확한 평가 방식에 대해 끊임없이 연구하였다. 이와 병행하여 교사 전체에 대한 수업컨설팅(수업 장학)을 진행하였다.

우리 학교는 학생 중심의 자기주도 학습 습관이 기본 교육 방침인 데다 철저하게 사교육을 배제한 책임수업제로 운영하므로 수업의 질은 중요한 사항이다.

학교에서는 이 수업의 질을 높이기 위해 어떻게 할 것인지 고민이 많았다. 물론 다른 학교의 수업을 참관하거나 교사 개인의 자기계발도 중요하지만 내부 컨설팅 기능을 강화하기로 했다.

우리는 전체 교사에 대해 교장·교감이 일정을 계획하여 한 차례씩 수업의 시작부터 끝까지를 참관하고 그 결과를 공유하기로 했다.

우선 교실 앞뒤로 2대의 카메라를 설치하여 강의 장면과 수업을 듣는 학생들의 표정을 촬영한다. 모든 수업진행 과정을 동영상 자료로 제작하여 해당 교사에게 피드백한다.

교사가 수업에 열중할 경우 놓치게 되는 모든 것들을 세밀하게 분석할 수 있도록 해주는 것이다. 교사는 이를 통해 자신의 표정은 물론 학생들의 표정도 살피면서 이해하는 정도, 반응의 정도 등을 파악하는 주요 자료로 활용하게 된다.

이렇게 해당 과목의 수업 장학이 종료되면 그 과목 전체 교사가 참여해 참관 기록을 바탕으로 장단점 분석과 개선 포인트를 흉허물 없이 협의한다. 학생들이 좋은 습관을 익히기 위해 애쓰는 것처럼, 교사들도 좋은 수업을 하기 위해 분발하게 된다.

학교에서도 수업의 질 향상을 위한 지원에 적극적이다. 모든 수업은 스마트 스쿨시스템을 활용하여 진행한다. 모든 학생에게 학습활동에 필요한 갤럭시 탭을 무상으로 지급한다. 교사에게는 스마트 수업 진행 및 학생 지도에 필수 아이템인 태블릿 PC와 최고급 사양의 최신형 노트북을 지급한다.

교사는 이러한 기자재의 사용법과 스마트 교육시스템을 능숙하게 익혀 수업에 임해야 하는 것도 당연한 일이다. 교사는 또 효과적인 학습활동을 위한 '교육 기자재 준비 세미나'도 가진다.

특히 우리 학교는 이공 과목과 실습 활동을 중시하는 만큼, 심도 있는 학습활동을 위해 첨단 수업 기자재가 필요하다. 이에 국·영·수 과목은 물론, 과학·기술·가정 등 대상 과목의 세부 교육 계획을 분석, 검토하여 필요한 기자재를 도입하였다. 3D 프린터, 초고속 카메라, 형광 현미경과 같은 첨단 학습 설비에서부터 수학 학습 교보재 등의 교구에 이르기까지, 교육기자재 구입을 담당 과목 교사들의 의견을 수렴하여 갖추었다.

우리 학교 선생님들은 내가 지도하는 학생이 내 과목의 실력 향상을 위해 사교육을 받는다는 것을 수치라고 생각한다. 언제든지 학생들이 찾아와 질문할 수도 있고, 교사는 문제해결에 열정이 넘친다.

교사는 학생들이 지금 내 수업 말고는 달리 공부하지 않는 학생들이라 생각하고 최선을 다한다. 학생들에게는 어떻게 공부할 것인지에 대하여 구체적으로 안내한다. 학생이 어떤 학원을 가야 하는지, 어떤 동영상을 들어야 하는지, 야자 시간에 무슨 공부를 해야 하는지 고민할 필요가 없게 하는 것이다. 그날 들은 6시간의 정규 수업에 대하여 관련된 과제를 수행하고, 활동하는 것만으로도 방과 후 시간은 부족하기 때문이다.

이런 모습은 학교 수업에 대한 만족도에서도 잘 나타난다. 매 학기 말에 실시하는 수업만족도는 더 이상 올라갈 수 없는 수준까지 높은 상태로 유지되고 있다.

이것은 교사의 탁월한 강의력 때문만은 아니다. 학생들이 수업에 능동적으로 참여하기 때문에 이런 만족도를 보이는 것이다.

사교육이
필요 없는 학교

우리나라 교육정책 결정에 중요한 기준이 되는 것이 사교육을 줄이는 것이다. 아무리 좋은 정책, 프로그램이라 하더라도 그것이 사교육을 조금이라도 조장하는 요소가 있다면 교육 정책으로 채택하기가 어려운 것이다.

우리나라는 다른 나라와 마찬가지로 유아, 어린이, 청소년을 위한 양질의 교육을 제공하는 공식 교육기관이 있다. 이 공식 교육기관인 학교에서 이루어지는 교육을 공교육이라고 하고, 학교 밖에서 별도의 비용을 지불하고 참여하게 되는 학습, 즉 개인 교습(과외), 학원 수강, 또는 인터넷을 통한 온라인 학습 등을 통털어 사교육이라고 한다.

사교육은 학교 밖 교육이라는 교육적 현상으로 끝나는 것이 아니라 오늘날 청년들이 결혼을 늦게 하거나 아이를 잘 낳지 않는 인구 감소의 원인이 될 만큼 심각한 사회현상이 되고 있다.

우리나라 공교육 수준이 결코 떨어진다고 할 수 없고, 학생을 지도하는 교사의 수준 역시 우수하다. 하지만 이 문제를 해결하는 방안으로 공교육의 질을 높여야 한다는 목소리가 높고, 그런 방향으로 많은 교육정책이 추진되었으나 사교육 시장은 별 줄어들 기미가 보이지 않고 있다.

그동안 우리는 사교육이 발생하는 중요한 요인을 놓치고 있다. 이는 교육을 받는 당사자인 어린이나 청소년의 삶을 구체적으로 성찰하지 않았기 때문이다.

고등학교는 오후 4시 정도면 학교 교육을 마친다. 진학계 고교생들은 그 이후부터 11시 이전까지의 삶이 거의 무방비 상황에 노출되어 있다. 우리 교육에서는 학교 수업 이후 잠을 자야 하는 10시 또는 11시까지 4~5시간을 어떻게 보내야 하는지에 대한 관심과 안내가 결여되어 있는 것이다.

일부 학교에서는 '야자'라고 하여 학습 환경을 만들어 주고 있지만, 대부분 수업이 끝나면 잘 가르친다고 소문 난 과외교사, 학원, 온라인 강좌에 대한 정보를 입수하여 고가의 비용을 지불하며 학습하고 있다. 어떻게 보면 야자를 제공하는 학교나 사교육에 몰입하는 학부모는 매우 교육적이고 이들의 미래를 위해 헌신하는 분들이라 할 수 있다.

이런 식으로 야자와 사교육을 해야 한다는 판단에는 두 가지 전제가 깔려 있다. 하나는 학생을 수업 후 학교든 사교육이든 묶어 두지 않으면 안 된다는 생각이다. 또 하나는 수업 후 주어지는 시간을 그날 학교에서 배운 교육활동과 연관짓지 않고 보내도 아무런 문제가 없다는 점이다.

학생들이 공부하는 학습은 수업시간에 교사로부터의 배움에 한하거나 혼자만의 익힘으로는 완전하지 않다. 이 배움과 익힘이 조화를 이룰 때 진정한 공부가 되는 것이다.

여기서 우리는 사교육 문제에 대한 해결점을 찾아야 한다. 올바른 학습태도라면 그날 수업을 듣고 끝나는 수업이 되어서는 안 된다.

이런 교육의 문제점을 고민하면서 우리 학교는 '사교육 없는 학교'를 지향하게 되었다. 사교육 없이 자신의 실력을 갖추어가기 위해서는 스스로 공부하는 방법과 태도, 습관을 갖추어야 한다. 바로 자기주도 학습능력이 길러져야 한다는 것이다.

그러기 위해서는 올바른 공부습관이 갖춰져야 하는데 우리는 이를 MSMP 과정을 통해 바로잡아 주고자 하였다. 핸드폰과 인터

사교육 없이 실력을 갖추기 위해서는 스스로 공부하는 방법과 태도, 습관을 갖추어야 한다. 바로 자기주도 학습능력이 길러져야 하는데 66일 MSMP 기간을 거치면 공부하는 습관이 길러진다.

넷, TV 시청 없이 66일을 생활하게 하고, 사교육이나 부모의 도움 없이 오로지 학교수업 중심으로 공부한다. 그 시간에 친구와의 대화, 사고(思考), 운동, 독서, 예체능 활동, 자기주도 학습 등으로 바람직한 자기 계발에 투자하도록 유도한다.

처음에는 불안해하는 아이들이 더러 있다. 사교육을 하지 않으면 다른 친구에게 뒤처지지 않을까 두렵고, 성적이 떨어질까 봐

지레 겁을 먹는다. 또 혼자 공부를 해나가지 못할 것이라며 스스로를 믿지 못하는 학생도 있다. 그러나 이런 과정은 66일이 지나면 거의 다 해소가 된다.

우리 학교의 교육과정은 일주일에 5단위 6과목을 수강하게 되어 있다. 자신이 수강한 6과목의 수업이 매일 들어있다는 의미다. 일주일에 30시간의 수업을 소화해내기 위해서는 30시간 동안의 자기 공부가 뒷받침돼야 한다. 일주일에 30시간을 공부하려면 규칙적으로 하루에 네 시간 이상을 공부해야만 가능하다.

중학교 때까지 수동적인 학습에 적응되어 있던 학생들이 이렇게 자기주도적인 공부를 해낸다는 것은 결코 쉽지 않은 일이다. 30시간을 어떤 과목, 어떤 교재로 공부할 것인가를 계획하고, 하루 네 시간을 책상 앞에서 버텨내는 훈련을 하지 않으면 결코 해내기 어려운 일이다.

당연히 올바른 학습습관을 형성해야 가능한 일이다. 스스로 공부하는 방법을 터득하려면 어떻게 해야 할까.

첫째, 자신에게 맞는 학습 플래너를 작성한다. 이 학습플래너는 너무 무리하지 않게, 자기 능력에 맞게 작성하되 반드시 실천하는 습관을 들여야 한다. 하루라도 계획이 미뤄지게 되면 다음날 더 부담스러워지고 이것이 하루 이틀 쌓이면 포기하기 때문이다.

둘째, 매일의 수업에 충실해야 한다. 가르치는 선생님만큼 믿을만한 교사는 없다. 올바른 수업태도로 임하되 수업 전 교재준비에도 만전을 기해야 한다. 졸지 않고 집중하되 수업에 적극적으로 참여하는 것도 좋은 방법이다.

셋째, 예습과 복습을 잘 하는 것이 좋다. 과제 또한 기한 내 제출하는 것이 중요하다. 과제를 제출할 때는 절대 남의 것을 도용하는 일은 없어야 한다.

이렇게 공부하는 습관을 들이면 완벽한 자기주도 학습이 된다.

66일 동안 아이들이 가장 힘들어 하는 부분이 자기주도학습이다. 전에는 공부할 때 힘들거나 조금이라도 어려우면 바로 학원에 달려가 쉽게 해결할 수 있었지만 사교육이 일절 금지된 상황이라 당황했다. 목이 마르니 스스로 우물을 판다고 혼자 힘으로 다시 계획을 수정하고 해결하는 과정을 여러 번 반복하면서 자기주도 학습능력이 키워지는 것이다.

이렇게 66일이라는 기간이 지나면 가장 눈에 띄는 변화는 바로 공부하는 습관이 길러지는 것이다. 그날 수업시간에 배운 것을 복습하고, 주말 충분한 시간을 이용해 부족한 부분을 보충하는 습관이 들게 된다. 매일 플래너를 작성하며 하루를 반성하고, 앞으로의 계획을 세우고 다짐하는 시간을 통해 스스로 성장한다.

다음은 MSMP 과정이 끝나고 앙케이트 조사를 실시했을 때 학생들의 대답이다.

MSMP 기간 동안 내가 가장 대견스러웠을 때는? 학습관련 73표(27.1%)

- 하루 목표한 공부를 다했을 때
- MSMP 들어오기 전보다 학습량이 많이 늘었다는 점
- 수업 정말 열심히 듣고, 내가 스스로 공부하고 있을 때
- 온종일 공부해도 지루함을 느끼지 않고 오히려 아쉬움을 느낄 때

지금 나에게 사교육이란? 불필요한 것 141표(61.5%)

- 꼭 하지 않아도 되는 것
- 외부 학생들의 학습 방법
- 앞서가는 공부이지만 이해가 안 되는 공부
- 어쩌면 불안함을 덜어줄 수 있지만, 시간낭비가 많은 것
- 성적을 불공평하게 만든 것, 기필코 사교육을 이기리라!
- 선생님들의 수업이 재밌고 훌륭하기 때문에 사교육은 필요 없다.

불안했지만 학교를 믿었다
사교육을 다시 생각하다

1기 졸업생 학부모

암기를 좋아한 아이는 중학생 때 특출난 암기실력으로 상을 받곤 했다. 학원을 보내고 과외도 받아 시험범위를 모두 암기하여 내신에 문제가 없던 아이였다.

중3 말이 되어 어느 고등학교에 가고 싶냐고 묻자 아이는 충남삼성고등학교에 가고 싶다고 했다. 주변 지인을 통하여 알게 된 학교는 인재를 육성하는 학교, 자기 주도 학습을 제대로 할 수 있는 학교 등 좋은 말도 있었지만 내신을 좋게 받기 힘들다, 사교육을 받을 수 없다, 부모와 떨어져 있어야 한다는 말을 듣고는 고민이 많았다.

하지만 아이가 정말 이 학교에 가고 싶어 하여 보내게 되었다. 그렇게 2015년 아이는 기숙사에 들어갔고 눈물을 꾹 참고 아이와 작별하였다. 걱정과 달리 아이는 잘 적응했고 학교도 좋다고 했다.

시간이 지나 아이가 처음으로 집에 귀가를 했을 때 가장 힘든 점이 공부와 과제의 양이라고 했다. 역시 학교에서 배우는 것만 가지고는 아이가 좋은 내신을 받기 힘들겠구나 하는 생각으로 주변에 유명한 학원을 알아보고 있었다.

그때 아이 아빠가 이렇게 말했다. "우리 아이를 믿어보자, 아직 초반이다, 기회는 많다, 점점 성장하는 모습을 보여줄 것이다." 끝내 우리는 아이를 믿기로 하였고 조금만 참고 노력하자며 격려해 주었다.

얼마 후 NSLB라고 적혀있는 학사 경고장이 날아왔지만 아이와 약속했기에 믿고 기다렸다. 그 이후에도 아이는 최선을 다하는 데 성적이 올라가지 않는다며 울기도 했다. 아빠와 고민을 상담하고 아이에게 조심스럽게 전학을 가는 것은 어떠냐고 물어보았다. 아이는 전학은 싫다고 했다. 아이는 2학기까지만 기다려 달라고 했다. 과연 우리 아이를 믿어도 되는지, 이 학교를 믿어도 되는지 걱정이 많았다.

그러던 어느 날, 아이가 그동안 자신이 가진 단점을 해결했고 자신감이 생겼다며 표정이 밝아졌다. 선생님과 컨설팅하여 약점 리스트라는 것을 만들어 자신이 부족한 점을 찾게 되었고, 목표를 다시 정하고 공부하여 약점을 보완했다고 한다. 그 이후 아이는 더는 공부가 어렵지 않다고 했다.

그리고 2학년이 된 아이는 품격위원장이 되어 1학년 때보다 더 성실하고 부지런한 학교생활을 하였다. 벌점 없이 선생님들께 인정받고 공부 또한 게을리하지 않았던 아이는 갈수록 성적이 향상되었다.

3학년이 된 아이는 정말 기숙사에 들어갈 때와 다른 아이가 되었다. 늘 선행학습에 의존하고 암기만 했던 아이가 스스로 약점을 보완해가며 목표를 잡고 공부하는 모습에 믿기를 잘하였구나 안심이 되었다.

아이는 결국 원하는 대학교에 들어갔고 이제는 밥 먹을 때 웃으면서 '충남삼성고가 너를 망칠 줄 알았다'는 농담을 할 정도다. 이 학교에 들어가서 정말 사교육 없이 공부할 수 있을까, 부모 없이 잘 적응할 수 있을까 걱정했지만 밝고 건강하고 꾸준히 버텨가며 성장한 아이를 보고 어디를 가도 반드시 성공할 거라는 믿음이 생겼다. 아이의 선택을 믿고 이 학교에 보낸 것은 가장 훌륭한 선택 중 하나가 아닐까 싶다.

03

내가 만드는
내 시간표

고등학교 교실에서 흔히 볼 수 있는 풍경은 학생들이 졸거나 자는 모습이다. 학생들이 졸거나 수업에 관심을 보이지 않는 이유는 자신이 수업의 주인공이라 느끼지 않기 때문이고, 하루 6시간에서 7시간인 수업이 스스로 선택하거나 의사결정이 반영된 것이 아니기 때문이다.

학교는 자신에게 가장 중요하고 필요한 것이 무엇인지에 대한 판단도 할 수 있고, 책임도 질 수 있는 고등학생들에게 그런 기회를 주지 않고 있다. 나의 꿈과 진로에 관계없고, 나의 능력에 맞지 않다고 생각하기 때문에 학생들은 그 중요한 시간에 졸거나 다른 데 신경을 쓰게 되는 것이다.

우리 학교는 한 학년이 350명 내외가 되는데 전교생 모두 같은 시간표가 거의 존재하지 않는다. 새 학기가 시작되기 적어도 3개월 전에는 자신이 수강할 과목을 선택하도록 되어 있다.

모든 수업은 자신이 수강 신청을 해야 하는데 이는 우리 학교가 '학생선택 진로 집중 교육과정'으로 수업을 진행하고 있기 때문이다. 그러므로 선생님이나 학교 자체에서 시간표를 정해주는 일이 없다.

그 시간표의 선택은 자신이 이루어야 할 꿈과 성취할 '업業'에 맞추어 이루어진다. 자신이 자신의 삶에 대한 주인이고, 이를 이끌어갈 사고력과 태도를 갖추지 않으면 학교의 수업에 참여조차 불가능하다.

학생들마다 자신의 진로와 적성에 맞는 과목을 선택하여 시간표를 구성하려면 몇 가지 준비가 필요하다.

첫째, 하나 뿐인 자신의 인생을 아름답고 의미 있고 행복하게 하는 꿈을 가져야 한다. 꿈을 이룰 수 있는 진로에 대한 진지한 고민과 선택이 우선해야 한다. 진로 선택이 쉬운 일은 아니지만 자신에 대한 이해, 자신의 삶을 통해 무엇을 할 것인가, 어떻게 살아가야 할 것인가에 대한 기본 방향을 정해야 한다. 과목 선택의 가장 중요한 기준은 자신의 꿈과 진로이어야 하기 때문이다.

둘째, 선택한 과목의 이수, 그리고 고등학교 졸업에 필요한 조건을 분명하게 제시하되 엄격하게 관리해야 한다. 학생이 선택할 수 있게 하면서, 그 과정과 결과에 대한 기준이 명확하지 않으면 교육 내용이 부실해질 수 있다. 한 학기, 또는 3년이라는 물리적 시간만 지나면 이수와 졸업이 인정되는 방식이 아니라 분명한 성취기준과 최소한의 성취목표가 제시되고, 이를 엄격하게 관리하는 체제를 갖춰야 한다.

셋째, 선택한 진로에 맞는 적합하고 다양한 과목을 개설해 줄 수 있어야 한다. 사회에 진출하여 종사하게 될 일, 관련 대학에서의 전공을 성공적으로 수행할 수 있는 기초 역량을 갖출 수 있는 특화된 과목과 과정을 준비하여 제시해야 한다.

넷째, 선택한 과목을 개설하기 위한 기준이 있어야 하고, 수업시간에 이루어지는 교수 학습의 질을 보장할 수 있어야 한다. 과목을 개설하는 데 필요한 최소 인원과 최대 인원을 정하여 선택 과목에 따라 학습 조건이 차이가 나지 않도록 해야 한다.

우리 학교는 이런 전제조건을 고려하여 자신의 진로에 적합한 시간표를 구성한다는 의미에서 교육과정을 '진로별 학생 선택 교육과정'이라거나 타겟 커리큘럼target curriculum이라고 하였다.

학생이 선택할 수 있는 진로의 방향은 크게 세 가지로 자연공학계열, 인문사회계열, 예체계열로 정하였다. 이를 다시 8개 과정으로 나누어 진로를 개척해 나가도록 하였다.

　이러한 계열과 과정은 미리 정하여 정해진 길로 선택하도록 하는 것이 아니라 학생들이 자유롭게 선택한 과목이 3계열 8과정으로 수렴되도록 안내하는 형성형 교육과정이라 할 수 있다. 이는 학생들이 살아갈 미래 사회로의 진로 설계와 성취에 도움이 되는 진로안내와 그에 맞는 과목이 다양하게 개설되도록 하였다.

　이러한 교육과정을 운영하는 방식은 무엇보다 '학습권'을 학생들에게 돌려주고자 하는 우리 학교의 교육철학을 반영한 것이라 할 수 있다. 문재인 정부에서 추진하고자 하는 '고교학점제'를 우리는 이미 2014년도부터 시행해 오고 있는 셈이다.

　그래서 우리 학교에서는 처음 1학년 1학기에는 '진로 수업'을 진행한다. 이때 학생들은 자신의 '커리어 맵'을 작성하라는 미션을 받는다. 자신의 꿈과 희망을 막연하게 생각만 하는 것이 아니다. 스스로의 적성과 흥미를 바탕으로 자신의 미래를 고민하는 시간을 가지는 것이다.

　1학기 내내 자기 자신이 어떤 사람인지, 무엇을 좋아하는지, 어떤 분야에 열정을 지녔는지, 스스로의 개성과 환경의 장단점을 분석하게 한다. 15년, 30년 뒤 자신의 모습을 상상하면서 인생의 비전과 직업 목표를 세우게 한다. 그리고 이를 성취하기 위해 갖추어야 할 전문지식과 역량을 가늠하면서 진학 계획을 세우고 고민하는 것이 주된 내용이다.

우리 학교는 바로 이런 과정을 거쳐 진로와 적성, 수준에 따른 선택식 수업을 진행하게 되는 것이다.

좋아하지도, 관심도 없는 과목의 수업에 어쩔 수 없이 참석하여 지겹게 끌려가는 수업은 아무런 의미가 없다. 그래서 학생 중심의 자기주도 학습 습관을 골자로 자신에게 알맞은 공부 방법을 터득해가는 것이라고 하겠다.

자기주도 학습으로 시간 활용
부족한 공부 이렇게 해결하다

강정현

학교에 들어와 사교육 없이 공부하는 것은 처음이었다. 배우는 양도 많아지고 내용도 심화되어 공부에 어려움을 느꼈고, 앞으로 어떻게 공부해야 할지 이미 선행을 하고 온 친구들을 어떻게 따라가야 할지 앞길이 막막했다. 하지만 학교를 다니며 혼자 어떻게 공부해야 할지에 대한 고민은 개인 자습을 하다보니 해결되었고, 사교육 없이 스스로 공부하는 것이 좋은 점이 많았다.

먼저 시간을 적절하게 활용하게 되었다. 전에는 항상 학교, 부모님, 학원에서 정해 준 시간표대로 움직이고 공부하다 보니 공부하기가 싫어지고, 왜 공부해야 하나 하는 생각도 많았다. 그러다 학교에 들어와 처음에는 뭘 어떻게 해야 하나 막막했지만 주변 친구들 중 스스로 학습을 잘하는 친구들의 시간 활용법을 보고 따라하기도 하면서 나에게 맞는 공부 방법은 무엇인지, 내가 효율적으로 사용하지 못하는 시간이 있는지를 알아가며 나만을 위한 시간표를 만들게 되었다.

나만의 시간표를 만들게 되니 만드는 과정이 즐거웠다. 공부가 하기 싫어질 때마다 내가 만든 시간표이니 꼭 실천해야 한다는 사명감이 생겨 장점이 되었다. 이러한 이유로 학교에서 사교육을 반대하는 것이 아닐까 생각하게 되었다.

공부를 하다보면 이해가 안 되거나 어떻게 해야 할지 모르는 문제가 나온다. 이럴 때는 궁금한 점과 모르는 부분을 해결하는 것이 중요하다. 예전에는 선생님에게 다가가 여쭙기가 힘들어 학원 선생님께 모르는 부분을 물어보며 공부했다. 하지만 우리 학교의 선생님들은 친근하고 다가가기 쉬워 모르는 것들을 여쭤보기 쉬웠고 자세하고 쉽게 알려주신다.

더러는 설명을 들어도 이해가 되지 않는 부분도 있다. 그럴 때는 그 부분을 잘 이해한 친구에게 설명을 부탁한다. 처음 친구에게 모르는 부분을 물어봤을 때는 혹시 나를 무지하다고 생각하면 어쩌나 하는 두려움이 있었다. 하지만 "네가 모른다는 것을 인정하고 친구에게 물어본 후 네가 알게 된다면 나중에는 그 친구보다 훨씬 더 잘하게 될 것이다"는 선생님의 말씀에 힘입어 모르는 것을 많이 해결 할 수 있었다.

마지막으로 수업 이외 왕성한 활동을 할 수 있다. 사교육은 이론적인 것만 하다 보니 흥미가 떨어지고 이해하기 어려울 때가 있다. 하지만 우리 학교는 백문이 불여일견이라 문과, 이과 할 것 없이 정말 많은 활동을 한다.

국어과는 글의 심경을 더 잘 이해 할 수 있도록 연극을 해본다. 또 고전 단어와 학생들이 잘 알지 못하는 단어의 뜻을 우리 주변에서 쉽게 볼 수 있는 것을 예로 들고 직접 찾아보는 활동 등으로 국어에 대한 흥미를 일깨워 준다.

수학과는 전 시간에 배운 내용으로 게임을 진행하고 문제를 풀고 답이라고 생각되는 번호의 QR코드를 머리 위로 들어 컴퓨터로 정답을 확인하는 활동 등으로 수학에 대한 흥미를 일깨워준다. 이 방법을 자율학습 시간에도 적용해보면 더 오래 기억에 남고 사교육 없이도 부족한 부분을 채울 수 있었다.

이러다 보니 사교육의 중요성을 느끼지 못했다. 그래서 우리 학교에 다니지 않는 친구들에게도 이 방법을 알려주며 사교육 없이 스스로 공부해보라고 추천하곤 한다.

04

가르치는 것은 적게
배우는 것은 많게

가장 바람직한 학교 수업은 어떤 모습일까. 학교 선생님들이라면 누구나 알고 싶고, 갖게 되는 의문일 것이다.

우리는 주변에서 일명 스타 강사의 멋있는 강의를 접하곤 한다. 칠판에 화려한 손놀림으로 판서를 하거나, 디자인과 색감을 가미한 멋진 동영상과 이미지 자료로 채워진 PPT 파일을 동원해 재미있고 친절하게 설명한다. 학생들은 거의 공연 수준의 멋지고 속 시원한 강의를 들으면서 열심히 메모하고 밑줄을 긋거나 고개를 끄덕이면서 강사에 몰입해 있는 수업을 아주 좋다고 생각한다. 많은 학생들이 수강하고 있는 동영상 강의, EBS 강의 등이 이런 수업의 가장 대표적이고 모범적인 사례라 할 수 있다.

이런 수업의 공통된 특징은 수업의 중심이 모두 교사나 강사에게 있다는 것이다. 학교에서 이루어지는 수업에서도 그렇고, 동영상 강의는 교사의 시야에 학생이 없어도 강의가 가능하다. 수업 내용에 대해서 얼마나 많은 사고와 학습이 이루어졌는가는 중요한 변수가 아니고, 얼마나 많이 오랫동안 기억하게 하느냐가 중요한 관심사인 것이다.

학교에서 수업을 구성하는 기본 요소는 교사, 학생, 교과내용(교재), 교실이라 하겠다. 강의 중심의 수업에서는 학습 내용과 해당 교과에서 얻어지는 사고력의 습득 정도를 확인할 수가 없다.

대부분의 교사들은 자신의 교과에 대하여 아주 쉽게, 핵심 내용을 잘 전달하고 싶은 열정이 있다. 그 내용을 잘 몰랐던 학생들도 수업을 듣기만 하면 모두 이해할 수 있는 강의를 해야 한다는 일종의 책임감, 사명감이 있는 것도 사실이다.

이런 강의가 진행되는 수업에서 교사와 학생의 역할은 다음과 같은 관계를 전제로 하고 있다.

교사 = 지식과 정보의 전달자   학생 = 지식과 정보의 수용자

이런 관계가 설정되면 교사는 수업의 질을 높이기 위해 다방면

으로 연구도 하고, 자료도 수집하며, 많은 공부를 병행한다. 하지만 정작 학생은 교사가 전달한 내용을 잘 기억하고, 어느 정도 이해만 하면 되는 관계이므로 상대적으로 공부하기 쉬운 구조가 형성된다. 이러한 교사 중심의 강의식 수업은 교사 입장에서 많은 것을 가르치지만, 학생은 최소한의 학습활동에 머물게 되고, 기억력만 동원하면 되는 수동적 학습자로 굳어지게 한다. 이런 수업법이 우리 교육의 전반을 차지하고 있다.

그러다 보니 대학을 졸업하고 사회에 진출하려 할 때면 많은 문제점이 돌출된다. 우선 기업이 원하는 인재상에서 밀려난다. 특히 글로벌 인재로 세계 유수의 기업에 진출하는 것은 생각하기 어렵다. 수동적 교육과정을 거침으로써 창의적인 사고능력도 개발되지 않았고, 자주적인 업무처리 능력을 갖추지 못했기 때문이다.

이런 의미에서 우리 학교는 수업에서 학생의 역할에 대한 관점을 달리한다. 학생은 강의의 대상이 아니라 수업을 함께 만들어가는 주체로 인식하는 것이다. 좋은 수업을 위해 교사만 준비하는 것이 아니라 학생 스스로 수업을 준비하도록 요구하고 있다.

우리 학교의 정규 수업은 주 5일, 하루 6시간, 총 30시간의 수업을 하고 있다. 우리는 이 30시간의 수업으로 학습 목표를 다 이룬다고 생각하지 않는다. 그래서 반드시 교사와 함께 진행하는

가르침이 아닌 배움이 중심이 되는 수업! 좋은 수업에 대한 목표는 확고하고, 이를 실현하기 위한 노력은 치열하며, 수업에 대한 학생들의 만족도는 매우 높다.

30시간의 수업시간만큼 학생 주도 학습이 이루어지도록 권장하고 있다.

우리 학교의 과목별 단위 수는 5단위를 기본으로 하되, 국어 영어 수학 과목은 주로 4단위로 구성하고 있다. 5단위란 한 주에 5시간 교사와 수업하는 것을 의미한다. 5단위의 수업을 제대로 이행하기 위해서는 해당과목에 대하여 최소 5시간의 자기 공부를 하도록 수업을 운영한다. 선생님이 가르치는 것보다 학생들 스스로 공부하지 않으면 안 되는 수업 방식을 택하고 있는 것이다.

그 중 대표적인 것으로 플립러닝과 하크니스 토론 수업 등을 들 수 있다. 많이 알려진 플립러닝은 수업에서 꼭 알아야 할 내용을 동영상으로 미리 공부하고, 수업 시간에는 공부한 내용에 대해 질문하거나 토론하는 형식으로 이루어진다. 스스로 공부해오지 않으면 수업에 참여할 수 없다.

하크니스 토론 수업은 주제에 따라 타원형으로 좌석을 배치하고 그날 수업에서 가장 중요하고 핵심적인 주제에 대하여 발표한다. 이에 대하여 반대든 찬성이든 자신의 의견을 자유롭게 개진하면서 진행하는 수업 형태를 말한다. 이 수업에 참여하려면 학습할 내용에 대해 단순한 이해 정도의 수준으로는 부족하다. 그에 대한 자신의 의견과 주관이 무엇인가를 미리 생각해 두어야 한다.

우리 학교에서는 이 밖에도 학생이 학습 주제를 교사처럼 강의하는 형태의 발표 수업, 수업만으로는 충분하지 않은 실험연구 수업 등이 있다. 이런 모든 수업은 그 과목에 대한 의미 있는 학습 활동을 해야만 수업이 제대로 진행되는 특징이 있다.

우리 학교의 수업은 한마디로 '가르치는 것은 적게, 하지만 배우는 것은 많게'라는 모토로 진행된다. 교사는 많은 것을 가르치려 드는 것이 아니라 학생들이 많이 알아오도록 잘 지도하고, 알고 싶어하도록 잘 유도하는 역할을 한다.

다시 말해, 밥상을 잘 차려주는 것이 아니라 농사 짓는 방법, 물고기를 잘 잡는 방법을 지도하는 것과 같다.

학생이 지식과 정보의 수혜자로 머물게 하지 않고, 전달자가 되게 하는 것이다. 더 나아가 지식과 정보의 생산자가 될 수 있도록 하는 수업을 하고자 하는 것이다.

4차 산업혁명 시대
1인 1능으로 준비

현재 우리 청소년들이 살아갈 시대를 4차 산업혁명 시대라고 한다. 4차 산업혁명은 미래의 일이라고 하기엔 이미 많은 부분에서 전개되고 있고, 이미 우리 생활 가까이에 와 있다.

미래를 살아갈 인재에게 그 시대에 맞는 역량을 갖추게 해야 할 책임을 지닌 학교는 4차 산업혁명이라는 이 현상을 어떻게 교육 현장에서 구현해야 할까를 고민해야 한다.

소극적 대응과 준비로는 AI로 전개되는 사물인터넷, 로봇, 3D 프린팅, 가상현실VR 증강AR 등에 대한 용어 설명과 그런 문명의 이기를 어떻게 활용할 수 있을 것인가를 교육하면 될 것이다. 또한 이러한 새로운 문명의 이기利器들을 적재적소에 잘 활용할 수 있는 능력과 태도를 갖추게 하면 될 것이다.

하지만 학교는 이러한 소극적 교육에만 머물러 있어서는 안 된다. 4차 산업혁명 시대에 걸맞은 보다 편리하고 삶의 질을 높이는 데 기여할 고안물을 찾아내고 만들어낼 수 있는 개발자와 생산자가 될 수 있는 기초와 역량을 길러내는 교육을 해야 하는 것이다.

이런 차원에서 우리 학교는 반드시 이수해야 할 생활과 관련된 과목이 있다. 과목명으로는 '기술·가정'이지만 이 시간을 통해서 학생들은 우리의 삶과 직접 관련된 활동을 하고 있다.

우선 남녀 학생 모두 5가지 이상 음식을 직접 조리할 줄 알아야 한다. 자신도 먹어보고 가족을 위해 대접도 해보는 경험을 하게 한다. 그리고 기본적인 도구와 기계를 직접 다루어 한 가지 이상의 목공 제작물을 만들게 한다. 남녀 학생 모두가 제작과 수리에 필요한 도구를 어렵지 않게 접하고, 정확한 용도를 알아 자신이 원하는 산출물을 만들게 한다.

전 학생 코딩 교육을 통해 생활에서 불편한 점을 해결하는 프로그램이나 앱을 직접 개발하는 경험을 쌓게 한다. 2학년이 되면 전교생은 컴퓨터 그래픽을 활용한 디자인과 직접 스케치해보는 미술시간을 필수로 이수해야 한다. 같은 물건이라 하더라도 시각적으로 즐거움과 아름다움을 줄 수 있는 감각을 기르고, 스스로 실물을 만들어낼 수 있는 기회를 갖게 하는 것이다. 2학년 1학기가 지나면 디자인적 요소를 가미한 구조물을 3D 프린터를 통해 만들어낼 수 있는 역량을 갖추게 된다. 이러한 기본적인 교육 활동을 통해 스스로 무엇인가를 만들어내는 전문 능력을 갖추고자 하는 학생들은 IT 과정과 공학 과정을 택하여 개발자와 생산자로서의 역량을 갖추어 나가게 된다.

이들을 위해서는 다양한 과목이 개설되어 이론과 실제 제작활동을 하는 살아있는 수업을 받을 수 있다. 공학과정을 택한 학생들에게 개설된 과목은 공학 일반, 지식 재산 일반, 로봇 하드웨어 개발, 전자기기 개발, 제품 디자인 등이 있다. 학생은 이 과목을 통해 이론 습득만이 아니라 실제 제작 활동을 할 수 있어 깊이 있고 실용적인 교육을 받을 수 있다.

IT 과정의 학생을 위해서는 정보과학, 정보 통신, 자료 구조, 디지털 논리회로 등을 개설하여 충분한 이론적 지식과 프로그램을 작성하고 앱을 직접 만들어 봄으로써 개발자와 생산자로서의 역량을 갖추도록 한다.

학교 내에는 이러한 정규 교육과정만이 아니라 동아리 활동으로 CNSA 메이커스CNSA MAKERS 등이 있다. 동아리에서는 이런 정규 수업을 통해 배운 이론과 실기 능력으로 발명을 하는 등 활발한 활동을 전개해 나가고 있다. 그 결과 2017년 프로젝트형 메이커

동아리 성과 공유회에서 최고상인 혁신상을 수상하였고, 지역별 안개 예측정보 수집장치, 스마트 천체 관측의자 개발, 도롱뇽 로봇 제작 등의 개발 경험을 축적해 가고 있다.

이밖에도 학생들의 창작 개발역량을 통해 The e-ICON world contest 세계 2위, 주니어 소프트웨어 창작대회 최우수상, 제4회 전국 무한상상 과학탐구 서바이벌 대전 최우수상, 전국학생 드론·로봇 융합과학경진대회 동상 등 많은 성과를 거뒀다.

이 모든 수업 활동이 4차 산업혁명 시대를 주도할 수 있는 인재로 키워가기 위한 노력의 결실이라고 하겠다.

우리 학교에서는 2017년 10월 30일과 31일 양일간 제3회 학술제가 열렸다. 이 학술제는 우리 학생들이 살아갈 미래 사회에 대한 전망을 해볼 수 있도록 이 분야의 전문가를 초청하여 특강을 듣는 것에서부터 시작했다.

초청특강이 끝나면 중형 강당과 소강당에서 각각 학생들의 논문 발표 대회가 열린다. 한곳에서는 국제인문, 사회과학, 경제경영, 예체 과정 분야에서 논문을 작성한 학생들의 논문발표와 토론이 진행된다. 또 다른 곳에서는 자연과학, 생명과학, 공학 IT 분야에서 학생들이 작성한 연구결과 발표와 토론이 이어진다.

그리고 중앙 건물과 학생회관 로비에는 학생들의 연구 결과물을 압축하여 소개하는 포스터가 빼곡하게 들어서 있다. 포스터 앞에서 연구학생들은 프레젠테이션을 열정적으로 수행하게 된다. 그러면 다른 학생과 교사들은 이들이 마련한 지식과 연구의 향연에 빠져들게 된다.

이 학술 발표와 포스터 프레젠테이션의 최대 고객은 1학년 학생들이다. 자신들보다 1년 더 학교생활을 했을 뿐인 데도 자신감 넘치고, 해당 분야에 전문가다운 모습을 보여주는 2학년 선배들이 부러우면서도 내년에 자신이 작성하고픈 내용이나 발표 방식을 그려 볼 수 있기 때문이다.

우리 학교는 입학할 때부터 자신의 꿈을 갖도록 안내하고 있고, 대개 1학년 2학기가 되면 자신의 꿈을 이룰 수 있는 진로를 정하게 되며, 그에 맞는 교육 과정을 결정하게 된다. 2학년이 되면 자신의 진로가 확연하게 드러나는 자신만의 시간표에 따라 공부하게 된다. 이렇게 공부하다 보면 유난히 자신을 끌어당기는 주제와 관심분야를 만나게 된다. 오랜 시간 그 주제에 매달려도 힘들지 않고 즐겁게 공부할 수 있으며 탐구하고 실험하고 싶은 분야가 생기게 되는 것이다.

이렇게 스스로 발견한 주제와 관심 분야에 대하여 집중할 수 있는 기회를 만들어 주고 있는데, 이것이 바로 1인 1능1人1能이라 불리는 연구 성과물 제출 프로그램이다.

자신이 수강하는 과목의 내용 중 가장 관심 있고 흥미 있는 분야에 대한 주제를 정하여 7개월 이상 준비하고, 이 연구 결과물을 제출한다. 모든 학생들이 연구 논문을 쓰는 것은 아니고, 자신의 생각이 들어 있는 산출물이면 된다. 공학, IT, 예술 과정 학생들은 자신의 아이디어와 창의력이 들어간 창의적 산출물을 제출할 수 있고, 인문학 과정의 학생들은 단편 소설 이상의 작품을 제출하는 것도 가능하다.

고등학생이 자신의 우수성을 입증하기 위한 자료로 연구 논문을 제출하는 것이 트렌드가 된 때가 있었다. 학교의 교육 프로그램과 관계없이 학생 개인 차원에서 대학 교수의 도움을 받아 제출하는 경우가 많았다. 더러는 학원가에서 고비용을 받고 대신 작성해 주는 폐단이 속출했다. 이것은 수시에서 좋은 평점을 받기 위한 수단으로 악용되어 지금은 이러한 논문 제출을 금하고 있다.

하지만 우리 학교는 이러한 결정과는 상관없이 교육 과정의 일부로 뿌리내리고 있다. 학생들의 창의적 산출물을 발표하는 활동은 개교 이래 지금까지 지속적으로 진행하고 있는데 양과 질에 있어서 성장을 거듭하고 있다.

우리 학교의 1인 1능에서 지켜야 할 몇 가지 원칙이 있다. 연구는 반드시 우리 학교 지도교사의 도움을 받아야 하고, 우리 학교 학생들과의 공동 연구만 허용하고 있다. 외부 교수나 교사, 또는 외부 인사의 도움을 받아 작성하는 것은 원칙적으로 금하고 있다.

졸업할 때까지 적어도 하나의 산출물을 만들어내자는 목표로 시행하는 〈1人1能〉. 2학년 초에 논문/작품 주제를 선정, 연구활동을 진행, 2학기 말 이틀간 성과물을 발표하고 공유하는 시간을 갖는다.

　3월 말 2학년 학생들이 자신이 연구할 주제를 제출하면, 진로연구부에서는 주제에 따라 지도교사를 배정한다. 2학년 학생이 350명인데 100명의 교사가 있으므로 평균 한 교사가 4명 정도의 학생을 지도하게 된다. 학생들은 논문 작성 기간 중 3번 이상 지도교사와 면담하여 연구 방향이나 방법 등에 대한 지도를 받는다.

　연구를 시작할 때 학생들에게 매우 엄격하게 강조하는 부분이 있다. 이는 학문적 정직성Academic Honesty에 관한 문제다. 잘 쓰고 싶은 마음에 좋은 문장, 좋은 도표나 그림 등을 인용할 수 있다. 이때 어떻게 인용 표시를 해야 되는지에 대한 교육을 철저히 하며, 교사로부터 지도받는 과정에서도 확인하게 한다. 자신의 창의적 산출물에 다른 사람의 생각이나 지식, 정보를 자기가 만든 것처럼 도용하고 싶은 유혹을 초기에 차단하기 위한 교육을 하는 것이다. 우리 사회에 버젓이 존재하는 논문 표절이나 지적재산권 보호에 관한 문제로 타인의 지적재산을 소중히 해야 자신의 것도 지킬 수 있다는 점을 일깨워주는 것이다.

학교에서는 한 학생이 독자적으로 쓰는 소논문도 있지만, 가능한 2, 3인의 공동 연구를 권장하고 있다. 협업을 통한 팀 연구를 강조하고 있기 때문이다. 미래 사회에서는 한 사람의 아이디어나 능력보다는 협업이나 통섭이 중요하기 때문에 가능한 다른 과정에 있는 학생들과 협업하며 융합할 수 있는 주제로 연구할 수 있도록 지도하고 있는 것이다.

고등학생은 해야 할 공부도, 해야 할 활동도 많기 때문에 이 창의적 산출물을 작성하기 위해서는 일정 관리와 피드백이 무척 중요하다. 그래서 1인 1능 담당 부서에서는 2학년에 진급하는 학생들에게 아주 구체적인 일정표를 미리 공지하여 1년간 충실한 연구 조사 탐구활동이 이루어지도록 돕고 있다. 학생은 중요한 단계마다 지도교사의 도움을 받아 진행상황을 스스로 점검하게 된다. 아무래도 시간이 자유롭고 여유가 있는 여름방학을 통해 결과물에 대한 완성도를 높여 가게 된다.

고등학생의 연구 및 창작 결과물이라 대학생의 논문이나 연구 결과물에는 미치지 못하겠지만 이 과정을 통해 소중한 지적 자산을 확보하게 된다.

우선 학생이 자신의 관심 분야에 대하여 7개월 동안 지속적으로 생각하고, 자료를 모으고 공부하며, 토론함으로써 자연스럽게 자신에게 가장 적합한 진로를 찾아가게 된다는 것이다. 그리고 지식과 정보를 습득하기만 했던 학생들이 자신의 산출물을 글이나 말, 형상으로 드러냄으로써 배움에 있어서 주체인으로서 성장하는 모습을 발견할 수 있다. 또한 결과물을 냈다는 성취감을 얻게 되며, 지식과 정보의 생산자로서 새로운 모습을 발견해 나간다는 것이 이 프로젝트의 중요한 의미이다.

어떻게 보면 현 상황에서 대학 진학에 실질적인 도움이 안 될 수도 있다. 많은 시간과 노력이 필요한 논문 작성은 진학계 고교로서는 부담스럽고 불필요한 시도라고 여길지도 모른다.

하지만 1인 1능 프로젝트는 우리 학교 교과 교육의 꽃이고, 실한 열매가 되는 창의적 산출물 축제라 할 수 있다.

6장

꿈을 찾아 내 삶을
설계한다

1업 5행으로
글로벌 인재 육성

개교를 준비하면서 좋은 학교, 미래사회에 꼭 필요한 인재를 만들기 위해 국내는 물론 세계 유수한 나라의 교육현장을 돌아보았다. 여러 나라를 돌아다니며 느낀 점은 우리 한국의 참담한 교육환경을 다시금 확인하는 것이었다.

다른 선진국의 학교교육과는 달리 우리 교육의 가장 큰 문제점은 입시 위주의 교육에만 매몰되어 있다는 것이다. 모든 학부모와 학생, 그리고 교사가 오직 대학의 문턱만을 바라보고 앞으로 내달린다. 그러다 보니 고등학생의 특징인 왕성한 활동성이나 호기심은 오간 데 없다. 공부만 잘하면 만사 오케이라는 공식이 성립되다 보니 가르치는 일은 학원과 학부모의 몫으로 돌려지고, 학교와 교사의 기능은 위축, 교권은 실추되어 겨우 숨만 쉬고 있다.

입시지옥의 세상에 살다보니 짝꿍도 더 이상 친구가 아니라 넘어서야 할 경쟁자에 불과하고 인성은 메말라 버렸다. 고등학교 3년이라는 시간은 미래를 위한 성장의 시기가 아니라 모든 것을 참고 견뎌내야 할 인고의 시간이 되었다. 이 모든 현실이 위기의 대한민국 교육현장의 현주소다.

이러한 현실은 누구의 잘못이라기보다 우리 기성세대의 잘못이다. 이렇게 교육을 받은 학생들이 사회에 진출했을 때 유능한 인재, 창의적 인재로 발탁되기는 정말 어려운 일이다. 지금이라도 조금이나마 우리의 교육현장이 바뀌어야 하지 않을까?

우리는 새 술은 새 부대에 담아야 한다고 믿었다. 조금은 다르게, 조금은 차별화된 교육을 실천할 수 있는 현장을 만들어가야겠다는 의지가 샘솟았다.

우리는 학교 교육의 기본 철학과 방향을 올바른 인성지도와 품격함양에 두었다면 교육체제는 바른 품성 창의력 리더십을 겸비한 글로벌 인재양성에 두었다. 눈앞의 공부보다는 전인교육을 통한 인생을 준비하는 교육이어야 하고, 단지 대학진학이 아닌 대학을 넘어 미래 사회로 향하는 글로벌 인재를 지향하게 된 것이다.

학교는 학생을 열심히 공부하게 하고, 잘 가르쳐서 능력 있는 사람으로 키워내야 한다. 그런데 이제는 그것만으로는 충분하지 않고 함께 사는 세상을 만들어갈 줄 아는 인재로 키워내는 것이 더 중요하게 되었다.

그래서 우리 학교는 학생들에게 공부만을 가르치지 않기로 했다. 무엇보다 미래를 가르치기로 한 것이다. 실력보다는 인성이 먼저이고, 지식보다는 지혜를 가르치고, 진학보다는 진리를 탐구하게 하자는 원칙을 세우게 된 것이다.

무엇보다 대학입시만을 위한 교육이나 공부가 아닌 진정한 배움을 통해 자신의 진학이 진로 설계로 이어지는 교육을 실천하고자 노력했다. 이것은 바로 1인 1업1人1業을 진로목표로 확실히 정하는 일이다. 고등학교는 대학진학을 위한 준비단계로만 존재하는 것이 아니라 앞으로 개인이 살아가야 할 삶에서 가져야 할 직업에 대한 준비도 해야 하기 때문이다. 그것은 미래 자신의 직업이 될 수도 있고, 진학하여 공부할 전공이 될 수도 있다. 고등학교 때 1인 1업을 생각해보고 자신의 가치관 정립과 꿈을 설정할 시간을 갖는다는 것은 무척 중요한 일이다.

'1인 1업'은 매우 진지한 주제이며 우리 학교 교육체계의 중심이 되는 사상이기도 하다. 1업은 진로에 대한 목표 설정이라 할 수 있다. 고교 3년 동안 미래 삶의 근원이 될 진로에 대한 목표를 설정한다는 것은 현실적으로 불가능한 일일지도 모른다.

하지만 우리는 미래에 대한 진로 목표 즉, 성인이 되어 무슨 일을 어떻게 하고 살 것인가를 진지하게 고민하면서 지금의 학업을 선택해야 한다고 판단했다. 어떤 직업을 선택할 것인지에 따라 어느 대학, 어느 학과로 진학할 것인지 목표를 세울 수 있고, 이에 맞춰 어떤 과목을 공부해야 하는지, 어떤 시간표를 짜서 학업에 임해야 하는지 자주적으로 생각할 수 있기 때문이다.

고등학생들에게 미래 직업에 대해 고민하게 하는 것은 그리 쉬운 일이 아니다. 직업이라 함은 크고 거창하게 들릴지 모르겠지만 실상 어린 시절에는 장래 희망이고, 소원이며, 꿈이다.

"너 커서 뭐가 될래?", "장래 희망이 뭐지?", "네 꿈은 뭐지?", 이런 모든 것이 직업이고, 일이고, 업이 되는 것이다. 의사, 변호사, 과학자, 선생님, 화가, 운동선수, 요리연구가, 이게 모두 업이고, 직업이다. 예전에는 단지 많은 학생들의 머릿속에 맴돌거나 책상머리나 벽에 붙어 있었던 표어 같은 것일지도 모른다. 이것을 고등학교에서는 구체적인 실행 목표로 다듬어가자는 것이다.

그래서 우리 학교는 입학식 날 학생 한 명씩 진리의 문을 통과하여 배움을 청하기 위해 선생님들이 도열해 있는 자리까지 걸어오게 한다. 이때 학생은 자신의 꿈을 담은 '사명선언Mission Statement'을 학부모와 교사를 포함한 전교생 앞에서 공표하게 한다. 모든 사람들이 지켜보는 가운데 한 약속이니 꼭 이루진 못할지라도 3

년 동안 스스로 지키려고 노력한다는 것이다.

자신의 미래에 대해 진지한 생각이나 고민도 않고, 누군가에게 선언해 보지도 못한 채 덮어놓고 공부나 열심히 하자고 하는 것은 공허한 메아리에 불과할 뿐이다. 오로지 눈앞에 닥친 대학입시를 위한 준비작업으로 죽어라 공부만 하라는 것이다.

학생들은 덫에 빠져 헤어 나오지 못하는 인터넷, 스마트폰 게임은 가르치지 않아도 잘한다. 그런데 왜 공부는 안 하려고 할까? 대부분이 필요성을 깨닫지 못하거나 잘못 가르쳤기 때문이다.

학생들은 왜 공부해야 하는지, 무엇을 위해 공부해야 하는지는 팽개쳐둔 채로 무조건 죽어라 공부만 강요하는 현실을 어떻게 받아들일 수 있겠는가. 성인이 되어 스스로 감당해야 할 삶의 무게 즉, 생계와 가정을 꾸려야 하고, 삶을 지탱할 재원과 재정을 확보해야 하며, 또 자신이 희망하고 원하는 윤택한 삶을 영위하기 위해서는 그 열쇠가 바로 진로목표인 '업'에 있다는 점을 알려주어 이를 기반으로 인생을 설계하고 디자인하도록 도와줘야 한다.

그래서 우리 학교는 1인 1업을 가지고 공부할 것을 강조하는 것이다. 이러한 1인 1업을 달성하기 위한 5가지의 덕목이자 실천 항목으로 1인 1위인, 1인 1어, 1인 1기, 1인 1능, 1인 1선이 있다.

첫째가 인생의 목표나 참고가 되는 롤 모델을 정하는 '1인 1위인' 정하기다. 두 번째는 그 목표에 보다 구체적으로 접근하고 기초 능력이 될 수 있는 '1인 1기'를 함양하는 것이다. 세 번째는 미래 삶의 현장이 어디가 될지, 얼마나 다양한 세계인들과 만나게 될지 아무도 모른다. 하지만 이러한 삶의 지평을 넓혀 주는 일이 다양한 언어를 구사하는 일이다. 이를 위해 '1인 1어'를 마스터하게 하는 것이다. 네 번째는 2학년의 1년간 과정에 주입식, 암기 위주, 지필고사를 위한 공부가 아닌 '1인 1능'을 근간으로 연구논문이나 실험결과, 창작물 등 창의적 산출물을 만들어내야 한다. 다섯 번째는 나 하나만의 삶이 아닌 남과 하는 삶, 배려하는 삶을 살아갈 수 있도록 '1인 1선'하는 것인데 사회봉사 정신으로 선행을 실천하게 하는 것이다.

5가지 덕목은 어느 것 하나 쉬운 것이 없고, 도전적인 과제들이다. 그러나 '1업 5행'의 목표가 없는 교육은 지향점도, 실천적 과제나 목표도 없는, 그야말로 수단이 목표를 지배하는 교육현장이 될 것이다.

우리나라는 서구나 다른 나라에 비해 산업화의 역사가 짧고 이렇다 할 직업관이나 직업의식이 미약하고 직업윤리도 약점이 많은 나라이다. 이런 점에서 우리 학교의 1인 1업 정신은 고교 시절, '업'과 '직업'이 내포하는 심오한 가치와 의미를 다시 한 번 새기게 될 것이다.

고통을 덜고 희망을 주는 사람
이런 일을 하며 살고 싶어요

황수빈

중학교 시절, 베이비 박스에 버려진 아이들이 있는 보육원으로 봉사활동을 간 적이 있다. 베이비 박스는 부모가 자녀를 키울 여건이 충분하지 못해 아이를 대신 길러줄 보육원에 위탁하는 것이다.

보육원에는 호흡보조기를 달고 누워 생활하는 등 희귀병이나 장애가 있는 아이들이 많았다. 그날 아이들을 도와주고 놀아주면서 확실한 치료법이 존재하지 않는 병을 앓는다는 것이 얼마나 힘든지 간접적으로나마 느낄 수 있었다. 이후 영어 스토리텔링 봉사와 같은 아동 관련 봉사를 하며 이들의 건강한 웃음을 되찾아 줄 수 있는 소아청소년과 의사의 꿈이 생겼다.

그러던 어느 날, 뉴스에서 의료계의 새로운 패러다임인 제3세대 유전자 가위 크리스퍼 유전자9CRISPR-Cas9이라는 기술에 대해 알게 되었다. 유전자 가위는 생명체의 DNA를 효과적으로 편집하는 데 사용되는 기술이다. 이것은 교정하고 싶은 유전자 부위까지 단백질을 운반하는 가이드 RNAGuide RNA와 수정할 유전자 부위를 잘라내는 카스9Cas9이란 단백질이 함께 작동한다. 이 기술을 통해 잘못된 유전자를 교정함으로써 소아 백혈병, 혈우병, 다운증후군, 헌팅턴 병과 같이 유전적 이상으로 발생하는 병뿐 아니라 암, 난치병 등 치료가 힘든 병들도 고칠 수 있음을 알게 되었다.

중국에서 진행된 T세포를 이용한 암 치료법 연구와 같이 전 세계적으로 행해지는 연구결과에 대한 기사들을 꾸준히 찾아보면서 'DNA와 유전자 가위'란 주제의 자율탐구 보고서도 작성했다. 그리고 유전자 가위처럼 사람들에게 희망을 줄 수 있는 치료법 연구를 병행하는 의학자가 되기로 결심했고, 우리 학교에 입학했다.

고등학교에서 내 꿈을 이루는 데 도움이 될 많은 활동을 하고 있다. 먼저 의학자가 되는 데 필요한 기본 소양과 경험을 갖추고자 화학과 생명과학을 다루는 이그니스Ignis 라는 동아리에 가입했다. 무엇보다 생명을 존엄하고 소중히 여기는 태도가 중요하기에 생명윤리에 대한 토론을 진행하는 동아리 바이오에티카Bioethica에서도 활동하고 있다. 2학년이 되면 본격적으로 생명과학 디플로마를 이수하기 위한 과목을 선택하여 질 높은 수업을 들을 것이다.

특히 우리 학교는 학생들이 창의적으로 생각하고 탐구할 수 있는 환경을 조성하기 위해 첨단 과학 기기들을 많이 보유하고 있다. 또 토론 위주의 수업방식, 과제연구, 다양한 대회 활동 등이 있는데 이러한 좋은 여건을 잘 활용하여 내 꿈을 이루기 위한 실력을 쌓고 싶다.

진로에 대해 고민하면서 나의 비전을 세워보았다. 바로 '다른 사람의 고통을 덜어주고 희망을 심어주는 사람'으로서의 삶을 사는 것이다. 치료법이 없어 어두운 미래를 살아가야 하는 환자들을 위해 기존의 의료 방식에서 벗어난 새로운 방법에 도전하며 그들을 치유할 효과적인 방법을 연구하고 싶다.

앞으로 훌륭한 교육과정과 학생들의 역량을 마음껏 펼칠 수 있는 교육 환경의 도움을 받아 나의 이러한 1인 1업을 이루고 세상에 희망을 전달하는 사람이 되기 위해 노력하겠다.

02

진학지도를 품은
진로교육

대학 진학을 앞두고 있는 일반계 고등학교의 교육 방향이나 교과 과정에 대해서는 상반된 견해와 관점이 존재한다.

대입을 앞둔 자녀가 있는 부모라면 내 아이가 다니는 학교가 대학 진학에 필요한 입시 교육을 담당해주길 바란다. 만약 학교의 입시지도가 기대에 미치지 못한다 싶으면 학부모는 모든 정보력을 동원하여 자녀의 개인 맞춤형 입시를 준비하게 된다.

반면 현실적 당사자가 아니거나 대학 입시를 준비하는 학생이 없는 분들은 일반계 고등학교가 입시 위주의 교육으로 전락하고 있다며 비판의 눈초리를 보내곤 한다.

그렇다면 당사자인 일반계 고등학교는 대학 입시에 대하여 어떤 입장을 취하는 것이 좋을까?

전인교육을 지향한다며 진학지도에 무관심하거나 초연한 입장을 취해야 할 것인지, 학부모나 학생이 만족할 만한 진학지도에 전념하기 위해 인성교육을 유보하거나 포기해야 할 것인지 등 갈등하게 된다.

결론부터 말하자면, 일반계 고등학교는 인성교육과 진학교육 모두를 포기해서는 안 된다는 것이다. 그렇다면 인성교육과 진학교육 간 조화를 이뤄야 한다는 것인데, 이는 진학 교육이 아닌 진로 교육에서 그 길을 찾을 수 있다.

고등학교에서 진학지도 또는 입시 위주 교육의 문제점을 지적할 때 무엇이 문제인지 조금 더 구체적으로 살펴보자.

일반계 고등학교는 졸업 후 취업이 아닌 대학에 성공적으로 진학하는 것이 맞다. 그럼에도 우리는 학교가 왜 진학교육, 입시교육을 하는 데 대해 부정적인 시각으로 보고 있었을까? 그것은 대학에서 4년 동안 어떤 교육과 활동을 할 것인가는 고려하지 않고, 오직 대학교 진입에 유리한 전형 요소에만 관심을 갖고 다른 부분에는 소홀했기 때문이다.

일반계 고등학교에서의 3년이라는 교육기간을 대학 입학을 위한 단순 입시 교육에만 할애해서는 안 된다. 대학에서 4년간 쌓아야 할 학문적, 기능적, 사회적 역량을 수행하기 위한 준비를 하는 교육을 진행해야 한다는 인식을 가져야 하는 것이다.

현재 우리나라 일반계 고교에서도 보다 교육적인 좋은 수업 방식이 소개되어 학생 중심의 교육이 상당 수준 이루어지고 있다.

그런데 정말 아쉬운 것은 1, 2학년까지는 나름대로 창의 사고력과 자기주도적 학습활동이 어느 정도 이루어지다가 고3이 되면 완전 다른 방식으로 학습하는 분위기로 바뀐다. 바로 문제풀이를 위한 반복적이고 기계적인 학습 모드로 바뀐다는 것이다.

성취해야 할 학습 목표에 도달하는 것이 중요한 것이 아니라 모든 친구들이 나의 경쟁자이고, 나는 철저하게 등급을 관리해야만 하는 이기적 존재로 변질되도록 내몰고 있는 것이다.

내 삶에 대한 진지한 고민 없이 대학에 진입하는 것만을 준비하도록 떠밀고 밀려가는 것이 안타깝지만 이것이 현실이다.

고3은 대학생활과 바로 맞닿아 있어 깊은 사고력과 자기주도적 능력개발의 기회를 더 많이 주어야 할 때다. 그래서 대학생활과 잘 연계되어야 하고, 대학생활은 직업의 세계와 잘 연결되도록 하는 선순환 구조가 형성되어야 한다.

우리 학교도 물론 진학교육을 중시하고 있다. 하지만 진학교육을 진로교육이라는 큰 틀 안에서 이루어지도록 교육하고 있다는 점이 다르다. 자신의 꿈과 생애Career 에 대한 설계 하에 진학을 생각하고 준비하도록 교육하고 있다.

이것을 우리 학교에서는 CCR이라고 부른다. CCR이란 CNSA CAREER ROAD(생애 설계도)라는 의미를 담고 있다. 자신의 생애를 스스로 디자인하는 것인데, 자신이 가야할 길을 그려 보고 스스로 찾은 길을 가도록 돕는 것이다.

우선 스스로 자신이 최종적으로 도달해야 할 목적지를 정한다. 그러면 학교는 네비게이션이 되어 그 목적지에 도착하기 위한 여러 길을 제시하고 안내한다는 것이다.

부모님을 포함하여 다른 사람들이 보기에 괜찮은 꿈이라고 할지라도 나에게는 맞지 않을 수 있다. 자신의 삶을 위한, 자신이 속한 세계를 위한 꿈이어야 하기에 우선 자신을 알아야 하고, 세상을 알아야 한다.

그래서 우리는 입학 초기에 자신이 어떤 사람인지, 무엇을 좋아하는지, 그리고 자신에게 잘 맞을 것 같은 직업이 무엇인지를 알기 위해 심리 진로 적성 검사를 실시한다. 검사 결과를 해석하여 자신을 이해하고 직업세계를 이해하기 위한 기초적인 자료로 제시해 주기 위해서다.

1학년 1학기 때는 나의 꿈이 될 만한 역사적 인물이나 현존하는 위인을 정하여 개별 연구를 진행하게 한다. 1학년 겨울 방학부터 2학년 1학기까지는 자신이 종사하고 싶은 직업 현장을 돌아보는 17시간의 직업 체험을 하게 한다. 자신이 앞으로 일하게 될 똑같은 직업이 아니라 하더라도 체험을 통하여 직업인으로서의 삶이 어떤 것인가를 깨닫는 기회가 된다.

이런 자료를 참고로 자신의 철학이나 꿈이 묻어 있는 자신의 생애를 설계하고, 구체적인 문서로 만든다. 이 생애 설계는 다시 발표하는 기회를 갖게 하여 다른 친구와 비교할 수 있게 한다.

이렇게 자신의 생애 설계에 대해 조사, 연구, 사고를 하다보면 대학에서 무엇을 전공해야 하는지가 분명해지고, 자연스럽게 진학에 대한 목표와 준비 작업을 철저히 하게 된다.

어떤 대학이 내 점수에 맞고, 어떤 학과가 앞으로 인기 있는 것인지가 판단의 근거가 되는 것이 아니라 어떤 대학, 어떤 학과가 나의 커리어 로드Career Road를 순탄하게 할 것인가가 선택의 근거가 되는 것이다.

우리 학교는 매 학기 자신이 다음 학기에 수강할 과목을 선택한다. 과목 선택의 기준은 자신이 앞으로 종사하게 될 직업, 그 직업에 성공적으로 진입하는데 가장 도움이 되는 대학의 학과, 그리고 만족스러운 삶을 살기 위해 필요한 과목을 수강하게 된다. 이렇게 학생들이 선택하여 만들어가는 자신만의 시간표와 교육과정은 바로 진학 준비와도 일치하고 있는 것이다.

우리 학교는 이런 방식으로 진학을 무척 중시하면서도 학교생활 자체가 자신의 진학 그리고 진로에 대한 준비가 되게 하는 점이 다르다.

고등학교에서 진학 교육은 매우 중요하다. 그러나 진학 교육은 고등학생의 생애 전체를 위한 진로교육이라는 큰 틀 안에서 이루어져야만 그 의미가 살아나는 것이다.

꿈은 허공이나 상상 속에 있는 것이 아니다. 꿈은 첫 직업을 무엇으로 하느냐에서 그 실현이 구체화되기 시작한다. 그 첫 직업에 성공적으로 진입하는 것은 꿈을 이루는 첫 발을 떼는 것이기 때문에 매우 중요하다. 그 직업에 필요한 전문 능력을 배양하는 대학의 전공학과를 잘 선택하여 입학하는 것도 무척 중요한 일이다.

자신의 꿈과 이상이 담겨있는 생애 설계와 길CAREER ROAD 안에 진학 지도가 있을 때 비로소 진학 지도는 그 가치를 더하게 되는 것이다.

03

위인 위인 We in 偉人
페스티벌

청소년기에 갖게 되는 꿈은 하얀 캔버스에 '나의 일생'이라는 그림을 아름답고 멋지게 그려내는 일이다.

누구보다 나에게 만족스런 멋진 그림을 그리기 위해서는 이미 존재하고 있는 아름답고 멋진 '모습'을 많이 보는 것이 중요하다. 그 이미지를 기준으로 나의 상상과 생각을 보탠 그림을 차곡차곡 쌓아두었다가 다양한 훈련과 연습을 통해 우선 모작을 여러 번 시도해본다. 이를 통해 생겨난 역량을 기반으로 나만의 멋진 그림을 그린다.

청소년기에 내 인생의 롤 모델을 마음에 품는 것은 내 작품에 영향을 줄 멋진 예술작품을 품는 것과 같다. '나의 일생'은 아무것도 없는 백지 같지만 잘 보면 그 안에 선이 그어져 있다. 그 선 안에 꼭 그려야 할 것이 정해져 있다는 것이다. 그 선 안에 꼭 그려야 할 것을 그려가다 보면 나의 일생이라는 화폭이 완성된다.

'나의 일생'이라는 화폭 안에 그어져 있는 선이란 무엇을 말할까? 그것은 인생의 단계를 말한다.

그 선이 10줄이라고 한다면 첫 칸은 이미 채워져 있다. 두 번째 칸은 바로 10대, 세 번째 칸은 20대, 네 번째 칸은 30대… 이렇게 우리는 백세 시대에 살면서 열 칸을 다 채우며 살아간다. 우리의 첫째 칸은 이미 그려져 있지만, 나머지 9칸은 우리 스스로가 잘 그려나가면 된다.

위인을 나의 롤 모델로 정한다는 것은 그들이 두 번째 칸부터 세 번째 칸 이후를 어떻게 그려나갔는가를 알아보기 위해서다. 그의 좋은 점은 비슷하게, 거기에다 나만의 특징을 덧붙인다면 그리 어렵지 않게 '나의 일생'이라는 멋진 작품을 완성할 수 있다.

나의 롤 모델이 생존해 계신 분이든 역사 속 인물이든 그 분과 대화하면서 자신의 일생을 채워 나가는 것이다.

만약 그가 생존 인물이라면 내 인생의 '멘토'로 삼아도 좋을 것이다. 용기내어 연락하거나 만나 조언을 구할 수도 있다.

그가 만약 역사 속 인물이라면 그의 저서나 자료를 통해 끊임

1인1업 설정을 위한 자신만의 롤 모델 찾기(1인1위인)로 꿈을 갖게 하고 그 꿈을 이루기 위한 진로탐구 · 체험활동 등을 통해 내 꿈이 실현되도록 지도하고 있다.

없이 질문하고 대화할 수도 있다. 지금과 같은 상황에서 '그분이라면' 어떻게 했을까 자문하다 보면 무언가 길이 열리는 경험을 갖게 될 수도 있다. 그래서 유명한 E. H. 카 Edward Hallett Carr 는 그의 명저《역사란 무엇인가?》에서 "역사는 과거와 현재의 끊임없는 대화이다"라고 말했던 것이리라.

　우리 학교는 입학과 동시에 먼저 자신의 꿈을 설정하게 한다.

그런 다음 바로 해야 하는 일이 1인 1위인 정하기다. 자신의 롤 모델을 정하고 그에 따르는 조사와 연구를 병행하여 나름대로 정리하는 것이다.

1인 1위인 프로젝트의 첫 단계는 수업시간 및 개별 활동을 통해 위인에 대해 알아보기, 두 번째 단계는 자신이 파악한 위인의 삶을 모방하고 따라 해보기, 세 번째는 위인에 대해 종합적으로 정리하고 발표해 본다. 이런 과정을 통해 그의 성품과 역량을 닮아가면서 자신의 삶을 설계해 나간다.

1학년 때 우리는 자신이 닮고 싶은 위인을 종합 분석하여 내가 어떻게 그 분을 닮아갈 것인지를 정리하여 발표하게 한다. 이를 우리는 '위인We in 위인偉人 페스티벌'이라고 부른다. '위인 위인 축제'는 바로 위인 안에 내가 있고, 내 안에 위인이 있어 그분과 대화하면서 산다는 의미가 된다.

자신의 꿈을 이루는 롤 모델에 대하여 조사하고 연구한 것을 생각 속에만 가두어 둔다면, 실제 내 안에 내면화하고 닮아가기 위해 실천하는 일이 쉽지 않다. 혼자만 알고 있다면 그를 닮아가고, 따라해 보고 하는 일에 작은 장애나 불편함이 생기면 아무 부담 없이 포기하고 말 것이기 때문이다.

글이든 이미지든 정리 방식은 자유롭게 할 수 있다. 그 결과물을 선생님께 제출하고, 또 전교생 앞에서 자신의 꿈과 롤모델을 선언함으로써 만천하에 알려 스스로 그 삶에 빠져 살도록 내모는 것이 필요하다.

우리 학교는 모든 학생들에게 이러한 1위인 프로젝트에 참여하게 함으로써 그 위인과 같은 훌륭한 삶을 꿈꾸게 하고, 나의 훌륭한 삶을 위해 노력하며, 나아가 그 위인을 뛰어넘는 '나의 일생'을 완성하여 내 꿈이 실현되도록 지도하고 있다.

내 꿈은 PD
1인 1위인 나의 롤모델

박민석

내 꿈은 PD다. PD라는 직업을 선택한 이유는 영상을 촬영하거나 편집하는 것을 좋아하기 때문이다. PD는 직접 영상을 편집을 할 수도 있고 촬영과 편집을 총괄하며 프로그램을 제작하기 위해 계획을 세우고 아이디어를 구상하는 일을 한다.

중학교 때부터 영상을 만드는 것을 좋아했고 대회에서 우승할 정도로 실력도 있다. 그래서 나영석 PD를 나의 롤 모델이자 1인 1위인으로 정했다. 나영석 PD는 1박 2일 시즌1의 PD이자 현재는 신서유기의 PD이기도 하다.

그는 한 곳에 머물러 있는 것을 별로 좋아하지 않는 것 같다. 그래서 1박 2일이라는 여행 프로그램을 만들어 여러 곳에 여행을 다니고 각 지역을 소개하면서 복불복이라는 예능의 신세계를 열었다.

나는 나영석 PD의 도전정신과 창의성을 본받고 싶다. 그가 1박 2일을 떠난 이유도 다른 프로그램에 도전해보고 싶었기 때문이다. 이런 시도가 흥행하지 못할 위험도 있는데 그의 도전정신으로 신서유기라는 프로그램이 탄생하였다. 모두가 안 된다고 도전을 꺼려할 때 자신의 목표를 바라보고 용감하게 도전하는 정신을 본받고 싶다.

나영석PD에게서 가장 닮고 싶은 부분은 창의성이다. 그는 항상 도전할 때 전과는 다른 아이디어를 가지고 프로그램을 만든다. 그래서 매번 색다르고 참신한 주제와 프로그램이 나올 수 있는 것 같다. 이런 창의력을 본받아 미래에 PD가 되었을 때 기존 예능의 틀에서 벗어나 예능을 혁신하고 싶다. 그리고 PD로서 사회에 도움이 되는 일을 하고 싶다.

지금 나의 1인 1선은 늘푸른 요양원에 가서 어르신들께 말동무도 되어 드리고 주변 시설을 청소하는 것이다. 매번 봉사하러 갈 때마다 내가 안하면 어르신이 해야 된다는 생각에 더 열심히 하고 있다.

봉사를 통해 나중에 내가 사회인이 되었을 때 매달 사회에 도움이 되는 일을 한 가지씩 해야겠다고 생각한다. 내가 PD가 되어도 지금 봉사하고 있는 요양원과 같은 다른 노인복지 시설에 기부를 하거나 직접 가서 말동무도 되어드리고 청소도 하고 싶다.

마지막으로 나중에도 지금처럼 매주 한 번은 운동을 하면서 살고 싶다. 나의 1인1기는 라크로스이다. 라크로스는 축구, 농구처럼 대중화되지 않은 스포츠이지만 우리 학교에서 가장 인기 있고 많은 대회에 참가하는 운동 종목이다.

라크로스는 잘 못하지만 좋아한다. 1학년 때는 육상에서 달리기 실력을 향상시켰고, 2학년 때 라크로스에 들어와 미드 숏폴Short Pole로 활동하고 있다. 비록 2학년 때 들어왔지만 실력 향상을 위해 더 많이 연습해 지금은 웬만한 친구처럼 잘 할 수 있다.

성인이 되었을 때는 라크로스가 지금보다 더 대중화 되었으면 한다. 라크로스를 좋아하고 잘하는 사람들을 모아 한 팀으로 대회에 나가는 것이 나의 목표다.

진로의 고속도로
과정별 디플로마

고등학교는 대학교와 중학교의 중간에 존재하는 교육기관이다. 그렇다면 고등학교는 대학교와 중학교 중 어떤 교육기관과의 연계가 중요할까?

현재까지 우리나라 교육체제에서 보면 고등학교는 중학교의 모습이 훨씬 많고 오히려 대학교의 모습은 찾아보기가 어렵다. 학교를 부르는 호칭에서도 중고등학교라는 말은 쓰지만 '고등대학교'라는 말을 쓰지 않는 것만 봐도 그렇다.

중학교 교사가 고등학교에서 지도하는 일은 자연스러운 일이지만, 고등학교 교사가 대학교에서 수업하는 일은 박사 학위를 가진 아주 일부에 불과하다. 중고등학교의 교육자는 교사, 대학교는 교수로, 아예 호칭 자체를 달리 부르고 있는 것도 현실이다. 고등학교 교사가 대학 교수보다 더 훌륭한 교수법이나 역량을 갖추었다고 하더라도 대학교와의 교류는 중학교에 비해 그 장벽이 심히 높다.

서양에서는 대학교 교육을 지칭하는 고등교육을 하이어 에듀케이션Higher Education이라고 한다. 고등학교가 하이 스쿨high school이니 고등학교 교육과 연계된 한 단계 높은 수준의 교육을 을 의미하며 이는 고교와 대학 간 연계가 자연스러움을 보여주고 있다.

우리나라에도 잘 알려진 미국의 APAdvanced Placement(대학 학점 선이수제도)는 고등학교와 대학 교육의 연계를 가장 잘 말해주는 제도다. 고등학교 학생이 학교에 다니면서 대학교육 수준의 교육을 이수하게 되면 바로 대학교에서 학점을 인정해 주는 것이다. 대학에서의 시간과 비용을 절약할 수 있는 아주 합리적인 제도다.

그런데 우리나라 일반계 고등학교는 재학생 대부분이 대학에 진학함에도 불구하고 중학교 시스템이나 경영이 별 다르지 않고, 대학 교육과의 연계점도 찾아보기 어렵다. 고등학교에서 죽어라 공부해도 대학 입학을 위한 전형 요소로만 쓰일 뿐 대학교에서의 교육과정과는 아무런 연관이 없는 것이 현실이다.

그러니 대학교에 진학하게 될 고3 조차도 대학교 입시요강은 잘 알아도 대학교 교육과정이나 교육 내용은 알지 못하고, 이에 대한 안내나 교육도 거의 없는 셈이다. 상황이 이러하다 보니 고등학교와 대학교육 사이에서 발생하는 비효율적 현상을 아무렇지도 않게 받아들이고 있다.

물리학 교수는 공학을 전공할 학생이라면 적어도 고등학교에서 과학 중 물리는 배우고 와야 한다고 강조한다. 고등학교 때 공대에서 제대로 공부하기 위해 어렵게 물리를 공부하는 학생이 있는 반면, 물리는 어렵다며 시험에 유리한 생물이나 화학, 지구과학을 공부하는 학생이 많다. 공대에 입학하는 데 아무 문제가 없기 때문이다.

이런 식으로 대학에 입학한 학생이 대부분이니 전문성 있는 공학을 공부하려니 물리에 대한 기초지식이 없어 따라가기가 어렵다. 가르치는 교수들조차 교육하기가 어렵다는 볼멘 목소리가 터져 나오는 것이 당연한 현상이다. 대학교에서 자칫 고등학교에서 배워야 할 내용을 지도해야 하는 소모적인 교육을 하는 셈이다. 어떤 과목은 중복해서 배우기도 하고, 어떤 과목은 어이없게도 기초 내용을 강의하는 경우가 허다하다고 한다.

우리의 고2는 2년 후, 고3은 바로 다음 해에 대학생이 된다. 고등학교는 시간적으로 대학교와 맞닿아 있는 데도 그 모습을 찾아볼 수 없다는 것이 아쉽다. 현실적으로 대학 진학을 목표로 하고 있는 고등학교는 중학교보다는 대학 교육과 연계한 학교 행정, 교육과정으로 운영되어야 한다.

대학에서는 졸업에 필요한 총 학점과 교양과 전공에서 요구하는 과목과 학점수, 수강 시기를 정하고, 일부 과목은 학생들이 미리 이수해서 자신의 전문 영역을 갖추게 하는 것이 중요하다. 일반 고등학교에서도 대학생들의 학업 생활에 잘 적응할 수 있는 체제를 갖추는 것이 매우 중요하고 필요하다.

우리 학교는 고교 교육과정 편성 운영 지침을 준수하면서 학생들에게 과목의 선택권을 부여하는 방식으로 교육과정을 운영하고 있다. 학생들에게 진로에 대한 아무런 준비 없이 과목을 선택하라고 하면 본능적으로 점수가 잘 나오는 과목이나 수능과 대입에 유리한 과목을 선택할 수밖에 없다. 그래서 졸업에 필요한 단위(대학에서는 학점이라고 함)를 제시하되, 전공하고 싶은 학과에서 요구되는 기본 준비를 할 수 있도록 여덟 개의 트랙을 제시하여 과목을 선택하게 하였다.

이러한 교육과정 운영 방식을 우리는 '타겟Target 커리큘럼'이라고 부른다. 자신의 꿈, 진로와 연계하여 목표를 분명히 하여 과목을 수강하고 이수하도록 하는 프로그램이다.

예를 들면 공학 과정 이수를 위해서는 물리가 필수로 되어 있고, 예체 과정 학생은 2, 3학년 때 수학을 수강하지 않아도 되도록 설계한 것이다.

우리는 개교를 준비할 때 대학에는 수많은 전공과 학과가 있는데 몇 개의 과정을 운영해야 할 것인가에 대한 고민이 많았다. 당시 우리는 교사와 함께 주요 10개 대학교를 선정, 운영되고 있는 단과대학 명칭과 단과 대학별 학생수를 조사했다. 이 조사 자료를 근간으로 문과와 이과라는 단순한 진로 안내가 아닌 3계열 8과정을 선정하게 된 것이다.

학생이 진학하고자 하는 전공이 속해 있는 단과대학에서 요구하는 기초 학습이 이루어지도록 준비한다는 것이 과정별 디플로마다. 현재 우리 학교는 2기 졸업생을 배출했는데 졸업생들이 학교에 와서 후배들에게 들려주는 조언을 통해서도 과정별 디플로마가 긍정적 역할을 하고 있음을 확인할 수 있다. 과정별 디플로마는 고교와 대학 간 연계 교육의 일환이며, 고교가 나아가야 할 방향임을 제시해주고 있다고 하겠다.

최근 대두되고 있는 '고교 학점제'란 결국 고등학교의 교육과정도 대학처럼 운영되어야 한다는 의미다. 이러한 흐름이 우리나라 일반계 고등학교에도 확산될 것이라 기대해본다.

17시간 진로 직업 체험

학교 교육의 최종 목표지점은 어디일까? 그것은 아마 학생을 직업인으로서 성공적으로 진입시키는 일이 아닐까.

학교 교육을 통해 육성된 학생을 필요로 하는 장은 직업의 세계다. 학생이라는 신분을 벗어나 직업인, 독립적인 경제인이 되도록 하는 것이 학교 교육의 현실적 목표지점인 셈이다.

그렇다면 그 목표지점에는 무엇이 있을까? 일자리를 제공하고 그 일에 적합한 급여를 지급해 주는 기업, 공공기관 등이 학교 교육을 통해서 길러낸 학생들의 엔드 유저END USER라 할 수 있다.

그렇다면 예비 직업인들은 그들을 고용하게 될 그 엔드 유저들이 무엇을 원하고 어떤 역량과 태도를 갖추기를 원하는지에 대해서 고민해보아야 할 것이다.

그에 관한 정보를 얻으려면 일단 대화와 소통의 장이 열려 있어야 한다. 대학교와 고등학교의 교육과정 운영에 대한 대화와 소통이 잘되고, 대학과 기업 간 소통이 원활하다면 현재 국가와 개인이 쏟아 붓는 교육 예산과 에너지는 상당 부분 절약될 수 있을 것이다.

학교는 직업 세계에서 원하는 역량과 태도가 무엇인지에 대하여 항상 열려 있어야 정보가 충분히 공유할 수 있다. 일의 세계에서는 정말 필요한 인재를 제때 공급받아야 하고, 그들은 일의 세계에서 행복한 생활을 영위할 수 있어야 한다.

학생 때는 그저 죽어라 공부만 하고, 취업해야 할 시점이 되어서야 이에 필요한 자격과 매너를 속성으로 배우고 익히는 것이 관행이었다. 이는 사라져야 할 우리 교육 현장의 병폐다.

학생 신분에서 벗어나 노년에 퇴직하여 연금생활자가 되기 전까지 가장 오랜 시간을 보내야 하는 것이 직업 세계에서의 삶이다. 그래서 인생 설계가 아주 중요한 시점인 고등학교는 일의 세계에 대한 경험이 매우 중요하다. 학생으로서 공부를 더욱 열심히 하기 위해서도 그렇고, 잘 짜인 교육과정이나 수업에서 배울 수 없는 부분이 직업생활에 있다.

대학에서는 전공과목을 심도 있게 공부하거나 연구하여 관련 자격증이나 학위를 취득하게 된다. 이를 기반으로 해당 분야에 취업하거나 창업을 하기도 한다. 그런데 직업의 장에 들어서게 되면 해당 전문 분야에 대한 지식과 기능 이외에도 많은 것을 갖추어야 한다는 사실을 알게 된다.

우선 직업 세계에서 만나게 되는 동료나 상사와의 원활한 의사소통 능력이 필요하다. 자신이 생각지도 못한 업무나 다른 분야의 일, 수없이 많은 지침과 지시들을 이해하려고 노력해야 한다. 조직에서 요구하는 규칙도 엄격하게 준수해야 한다. 민원인이나 소비자를 직접 만나게 되는 경우에는 친절함과 매너, 용모도 잘 갖추어야 한다. 좋은 인간관계를 맺는 능력과 매너, 업무에서 오는 스트레스에서 자신을 관리하고 지킬 줄 아는 능력, 연륜이 쌓이게 되면 아래 사람에게 본을 보이고 이끌어 주는 리더십 등 다양한 삶의 모습이 직업 세계에서 요구된다.

그렇기 때문에 고등학교 때부터 직업 세계에서 어떤 일들이 일어나고 있는지에 대한 경험이나 체험은 매우 중요하다. 특히 이러한 경험을 학교 교육과정 안에서 제공하기에는 한계가 있다. 그렇기 때문에 고등학생에게 직업 세계, 일의 세계를 이해할 수 있는 기회를 제공하여 자신의 삶을 바르게 준비하도록 도와야 한다.

우리 학교는 직업의 세계를 정보 차원이나 이론적 측면에서 제공하고 익히는 진로 관련 수업을 운영하고 있다. 하지만 이것만으로는 다양한 직업, 직업 안에서 형성되는 수많은 사례와 모습을 다 학습할 수 없기 때문에 17시간 이상 직업을 체험하는 시간을 갖도록 의무화하였다. 학교에서 직업과 일의 세계를 소개해 주기도 하지만 대부분 자신이 직접 찾아보고 체험할 것을 권한다.

학생들이 직접 체험을 통해 직업이나 일의 세계를 이해하는 것도 중요하고 의미가 있지만, 스스로 일의 세계에 대해 관심을 갖고 알아보는 과정부터가 중요하며, 긍정 마인드를 갖게 하는 출발점이 된다고 할 수 있다.

학교에서는 직업 세계를 경험한 일이 없는 학생들에게 알아서 17시간을 채워보라고 하는 것이 아니다. 직업 세계를 이해하기 위해 필요한 단계를 제시하고 있다.

우선 체험할 구체적인 직업 세계를 선정하여 사전 조사를 한다. 다음 그 직업에 종사하는 사람과 직접 연락하고 인터뷰하여 어떤 체험이 가능한지 양해와 협조를 구한 후 직업체험을 하도록 안내한다. 이 과정 모두를 17시간의 직업 체험으로 인정한다.

이런 단계를 통해 짧지만 직업생활을 체험한 학생은 멘토에게 확인과 평가와 사진이 포함된 직업체험 일지, 1000자 이상의 직업체험 보고서를 제출해야 한다. 진로 체험을 관장하는 부서는 학생들이 제출한 체험 보고서를 읽고 확인한 후에 인증을 해주게

우리는 직업세계를 알기 위한 진로 관련 수업을 운영한다. 더하여 다양한 직업, 직업 안에서 형성되는 수많은 사례와 모습을 학습하기 위해 17시간 이상 직업 체험을 갖도록 의무화했다.

된다. 이 17시간 진로 직업체험은 우리 학교 디플로마 이수의 필수 요건이기도 하다.

학생은 어른들의 직업 생활을 경험하면서 직업에 대해 부정적 시각을 가질 수도 있다. 일부 직업이나 먹고 살기 위해 어쩔 수 없이 일하는 것, 일의 세계에 들어서는 것 자체가 바로 고생의 시작이라는 생각을 하는 사람들이 이러한 직업 세계를 미리 알 필요가 없는 것이라고 전하고 있는지도 모르겠다.

하지만 행복하게, 소명감으로 일하는 분들을 만나 인터뷰도 하고 직업생활을 직접 체험함으로써 오히려 공부해야겠다는 동기부여가 되고, 멋지고 훌륭한 직업 생활을 그려 볼 수도 있다.

진로 직업체험을 통해 '직업과 일'이라는 것은 자신의 행복을 추구하기 위한 수단이고, 억지로 하는 것이 아니라는 부정적 인식에서 벗어나게 해준다.

오히려 나의 삶을 행복하게 해주고 나의 일생을 아름답게 만들어 주는 것이 일과 직업이라는 직업 친화적 마인드를 갖게 되어 직업인으로서 건전한 마음 준비를 해나갈 수 있다.

2011년 연말, 학교 설립이라는 전대미문의 미션이 내게 떨어졌다. 문제는 25년 남짓 인사 업무를 해온 내게 왜 하필 생경한 학교 설립의 미션이 떨어진 것일까 하는 것이었다. 다행이라면 회사에 들어와 여러 프로젝트형 업무를 수행해 왔던 경험이 남들보다 조금 많았다는 점이다.

"이 일 역시 시작부터 끝까지의 완결형 업무가 되겠구나. 이런 일이라면 한번 도전해볼 만한 가치가 있겠다."는 의욕이 생겼다. 25년 남짓의 인사업무 경험을 통해 쌓아온 나 자신의 성공과 실패의 경험, 성장과 발전 과정은 물론, 많은 선배 임원들의 성패와 영욕의 과정을 지켜 봐 왔으며 많은 젊은 인재들을 뽑고, 가르치고, 성장시켜 오면서 느껴왔던 것들, 그리고 아쉽고 안타까웠던 많은 일들… 이런 것들을 조금이나마 보다 이른 시점에 바로 잡아 볼 수 있는 좋은 계기가 될 수도 있겠다는 생각이 들었다.

이 일을 나와 같이 삼성에서 각기 인사 업무를 담당해왔던 다른 간부들과 호흡을 맞추고, 조직의 힘도 빌리고, 집단지성도 활용하고, 외부 전문가의 조언과 조력을 얻어 잘 엮어낸다면 좋은 결실이 있을 것이란 기대를 하면서 2011년 12월부터 본격적인 학교법인 창립과 학교설립 작업에 착수하게 되었다.

나는 이 역사적인 학교 설립 프로젝트를 시작하면서 먼저 "어떤 학교를 만들 것인가, 어떤 건학이념을 세워야 할 것인가?"에 대한 답을 찾기 위해 팀원들과 함께 우리 교육이 안고 있는 여러 현안들을 점검해 보았다. 우리는 우선적으로 없애야 할 세 가지, 우선적으로 강화해야 할 세 가지를 가려 보았다. 고민 끝에 찾아낸 답은 첫 번째, 학부모에게는 '사교육'의 부담이 없는 학교, 두 번째 학생에게는 '학교폭력'이 없는 학교, 세 번째 교사들에게는 과도한 '행정잡무'가 없는 학교가 되어야 한다는 것이었다.

학교의 역할은 어떠해야 하는가의 문제에서는 여러 교육 현안을 검토한 후 무조건적 공부와 무조건적 대학 입시만을 강조하는 학교가 되어서는 안 되겠다는 신념이 생기기 시작했다.

그래서 무엇보다 본교 교육이 최우선으로 추구해야 할 점으로 '바른 인성의 정립'을 최우선으로 삼았다. 이를 토대로 첫 번째 '인성교육'이 강한 학교, '인성'이 바로선 가운데 학생 개개가 공부를 해야 할 이유에 해당할 수 있는 제대로 된 흥미와 적성을 찾아주는 '적성개발'이 강한 학교, 다듬어진 '인성'과 '적성'의 기반 위에 자기주도의 '학습'을 강화해 줄 수 있는 '학습지도'가 강한 학교를 만들고 싶었다.

이렇게 만들어진 것이 본교 교육문화의 기저가 되는 '3강3무'이며, 이로써 가장 기본이 되는 학교법인의 교육적 사고의 틀이 마련되었다. 그 위에 '바른 품성, 창의력, 리더십을 겸비한 미래인재'의 육성이라는 건학이념(교육목표)을 세울 수 있었고, 이를 실현할 수 있는 실천적 방법론으로 '1업5행'이란 '교육중점'도 만들어냈다.

여기서 주목할 점은 바로 고고 교육임에도 '업'이라는 형이상학적이며 관념적인 단어를 일부러 넣었다는 것이다. 이는 먼저 나 자신이 '직업인'이자 '기업인'이요, 또 어떤 의미로는 '교육의 최종소비자'의 한축을 담당하고 있는 사람으로서의 인식, 즉 사회는 직업의 조합과 연계로 만들어지고 운영되며 발전된다는 생각이 누구보다 강했기 때문이다. 선진국과 후진국의 차이 또한 직업의식과 직업의 전문성, 직업윤리, 직업의 가지 수 같은 차이가 그 격차를 내고 있는 것이라 해도 과언이 아님을 오랜 인사업무를 통해 절감해 왔기 때문이다.

그래서 본교 학생이라면 학생의 수준에서 자신이 앞으로 무엇으로 세상을 살아갈 것인가 하는 '직업'을 첫 번째로 생각하게 하자는 것이었다. 교육적 용어로 말하자면 '진로목표'를 세워야 한다는 얘기와 같을 것이다.

이 얘기에 이견은 있을 수 있다. 당연히 어린나이의 학생들에게 어떻게 직업을 생각하게 할 수 있느냐, 성인이 돼서도 매번 변하는 것이 바로 이 명제인데, 이런 얘기가 있을 수 있다. 많은 독자나 교육자 여러분들께서도 의구심은 있을 수 있으리라.

그러나 어린 시절로 돌아가 보자. "네 꿈이 뭐니?"라는 질문을 많이 받았을 것이다. 과학자, 의사, 변호사, 교사, 요리사, 화가, 야구선수, 회사원… 대략 이런 답이었을 것이다.

결국 직업의 다른 이름이 '꿈'일 수 있다는 얘기이며, 이런 중차대한 직업이란 것을 생각으로만 그치게 하는 것이 아니고, 어떻게 하면 이룰 수 있을까를 고민하게 또 향하게 만드는 것이다. 설령 그것이 자고 나면 변하는 것이라 할지라도 말이다.

이러한 기본 방향을 정립한 다음 우리 프로젝트팀은 학교 부지를 정하고, 인허가 절차에 착수하고, 건축 작업에 돌입하고, 가장 중요한 선생님들을 모셔오는 일에 매진하게 되었다.

에필로그

흔히들 "학교는 교사의 수준을 넘을 수 없다."고 한다. 나는 이 말에 크게 공감한다. 교실과 수업, 그리고 학생지도는 교사가 지배한다. 아무리 장학을 하고 감독한다 하여도 이는 전적으로 교사의 몫이다. 한 사람 한 사람 교사로서의 전문성과 역량, 그리고 교사의 생각이 그대로 학생들의 배움과 성장에 직결되어 있다.

본교와 같은 기숙사 중심의 학교는 그야말로 교사가 통치자이면서 감독이자 연출 겸 배우, 부모이자 형과 누나, 친구이자 상담사, 안내인에 돌보미까지 모든 일을 행해야 하는 사람들이다. 학생들의 인성과 학업, 입시와 장래까지 많은 부분을 책임지고 있는 분들이다. 학교의 하드웨어, 소프트웨어 전부가 선생님이 없이는 단 하루도 돌아가기가 힘든 구조란 점에서 무엇보다 신중한 접근이 필요했다.

우리는 우리가 할 수 있는 최선을 다해 좋은 선생님을 모셔오는 일에 몰두했다. 좋은 선생님이란 일류 대학을 나와 학식이 높고, 인물도 좋으며, 기품이 있는 사람이라야만 하는 것일까? 우리는 그렇게는 판단하지 않았다.

우리가 정한 가이드라인의 첫 번째는 '인성'이었다. 다음 필수 불가결한 요소로는 '열정과 헌신'을 택했다. 그리고 교사의 전문성, 즉 '가르치는 능력'과 '흡수력', 나머지는 서로가 서로에게 '좋은 동료'가 되어줄 수 있는 사람, 그리고 도덕성도 그 중심에 두었다. 이와 같은 맥락과 기준에서 본교의 박하식 교장선생님을 프로젝트 초기부터 초대 교장으로 내정하고 개교 1년 전부터 모셨다. 그것이 학교의 시작이었고 지금까지 모든 일을 함께 해왔다.

우리 법인의 교육기관은 단 두 곳이다. '삼성샛별유치원'과 '충남삼성고'이다. 유치원과 중등교육은 교원 자격이 달라 교사 간 교체 근무가 불가능하다. 그래서 우리학교 선생님들은 구조상 한 번 입사하면 정년까지 한 직장에만 있어야 하는 셈이다. 다른 학교처럼 여고, 남고, 여중, 남중, 이런 형태의 교차 인사로 뭔가 변화를 꾀하기는 어려운 구조다. 한번 잘못 채용하면 그 여파는 오래간다.

우리는 교사채용에 신중할 수밖에 없었다. 거의 10단계에 이르는 어려운 전형 과정을 설정하였고, 최종적으로는 1박 2일 합숙면접에 집단토론, 조별발표, 개별발표, 체육활동에 저녁식사까지, 가능한 모든 전형 절차와 요소를 다 적용한 셈이다.

이런 과정을 통해 모신 선생님들은 결과적으로 모두 성공적이었다. 출발부터 달랐다. 대부분의 선생님이 학생들의 수업 만족도가 만점에 가까운 수업을 자랑한다.

개교 초기 "공립학교의 교원 임용처럼 임용시험(속칭 임용고시) 없이 어떻게 교사의 질을 담보할 수 있는가?" 하는 우려를 표하는 분들도 있었다. 우리는 그것이 기우에 불과함을 보여줬다. 다른 학교 선생님들이 '정시전형'으로 선발된 분들이라면, 우리학교 선생님들은 '수시전형'을 통해 임용된 분들이라고 보면 될 것 같다. 학교마다 특색이 있겠지만 우리 학교는 '수시전형'같이 정량적 점수보다는 잠재력과 정성적 요소, 결과보다는 과정을 중요시하는 절차를 선택했고, 교육청의 자문과 지원을 받아 최대한 공정하고 투명하게 진행하었다.

우리의 기대와 예상은 적중했다. 이점이 우리 학교를 만들어 온 가장 중요한 포인트가 아니었을까 하는 생각을 해본다. 그리고 삼성이라는 기업이 가지고 있는 강점을 학교에 접목시키는 시도는 '이종교배'와 '하이브리드화'와 같은 일이었고, 이러한 시도와 노력도 매우 중요한 포인트로 작용했던 것 같다.

본문에서도 독자가 느낄 수 있었던 끊임없는 교원연수, 본교 특유의 회의문화, 소통의 문화, 단합의 시간이 이어지고, 우리 학교만의 자랑인 신입생 66일간의 무귀가 교육 프로그램인 'MSMP'에서 습관과 체력을 가다듬게 했다. 고민도 많았던 기숙사 정책도 정원의 반 정도만 수용하기로 정했지만, 입시를 위해 3학년을 수용하느냐, 아니면 학생들의 기본을 다지기 위해 1학년을 수용하느냐에 있어 어쩌면 신의 한 수와 같이 되어 버린 1학년 전원 기숙사제를 선택했다.

그리고 누누이 강조해 왔던 '세상에서 공부를 제일 잘 하는 학교' 보다 '세상에서 인사를 제일 잘 하는 학교'를 만들겠다는 선언이 개교 초부터 있었고, "우리는 국가적으로 '인사'에 있어서는 1부 리그에 속해 있으니 조금만 노력하면 세계 최강이 될 수 있다"라는 신념으로 밀고 나갔다.

결과 본교 모든 방문객이 "학생들이 어쩌면 이렇게 밝고, 인사를 잘하나" 하는 이미지를 가지고 새삼 학교를 좋게 봐 주게 되었다. 이런 모든 학교 정책이나 교육과정, 학교와 학생의 좋은 이미지는 크게 보아 진학에도 연결 되었으리라 본다.

우리 학교는 교육에 대한 관점에서도 특별하다. '지/덕/체'의 순서가 아닌 '체/덕/지'의 순서를 강조하였다. 처음에는 교내에서조차 체육고도 아닌데 하는 싸늘한 반응이 있었지만, 이제는 그런 순서가 자연스럽게 스며든 학교가 되었다. 1학년은 모두 새벽부터 '영교시 체육'을 5년간 뚝심 있게 추진할 수 있었고, '학교장배 무도대회'가 3년차가 넘어서며 해마다 참가자가 늘고 종목도 늘었다. 모든 구성원들은 이런 학교를 만들어 온 것에 대해 입시성적이나 진학실적보다 더 큰 감사와 자부심을 가진다.

끝으로 '비욘드 유니버시티Beyond University', 즉 '대학을 넘어서'라는 우리 학교의 대표 슬로건과 '학교다운 학교, 교육다운 교육', '진정성 있는 교육' 이런 표현을 나름 자긍심을 가지고 사용해 왔다. 당연 본교 교육의 지향점과 내용, 실제 모습을 잘 나타내고 있다고 생각한다.

하지만 이는 이 세상 모든 학교가 당연히 견지하고 지향해야 할 모습이라는 생각이다. 세상 어느 학교가 오직 대학의 문턱만을 바라보며 교육을 하고, 학교답지 않은 학교를 원하며, 교육답지 않은 교육을 해야 하는가? 또 진정성이 없는 교육은 도대체 어느 나라의 교육을 말하는 것인가? 일순 이러한 것이 슬로건이고, 캐치 프레이즈가 되고, 박수와 지지를 받는다는 현실이 부자연스럽고 씁쓸하다는 생각마저 든다. 향후 이런 캐치 프레이즈나 슬로건이 자랑거리가 아닌 당연히 실천되는 사회를 기대해 본다.

이 책을 읽어 주신 모든 독자 분들께 감사드리며 바라고 싶다. 잘 되도 교육 탓, 안 되도 교육 탓. 맞다. 교육은 반드시 칭송받아야 마땅하겠지만 이는 참 어려운 현실이란 것을 교육현장에서 새삼 실감하고 있다. 그래도 욕을 먹는 교육은 안 됐으면 좋겠다. 기본이 서고, 질서가 잡히고, 국민성, 민도, 사회 자본을 높일 수 있는 교육이었으면 좋겠다. 꼭 그렇게 됐으면 좋겠다. 이 책이 그렇게 되는 길에 작은 디딤돌이라도 됐으면 좋겠다.

마지막으로 오늘의 우리 충남삼성고가 있기까지 함께 한 학교법인의 이사진 여러분, 설립 초기부터 고귀한 자문과 충고를 아끼지 않으신 자문단 여러분, 그리고 학교의 설립과정과 운영에 큰 도움을 주신 교육당국 관계자 여러분께 감사드린다.

무엇보다 열정과 헌신을 다해 학교 일과 가르치는 일, 지도하는 일에 전념을 다하는 우리 선생님들… '매일같이, 악착같이, 그리고 최후까지 감동'을 생각하는 우리 직원 여러분, 먼발치에서 묵묵히 지켜봐 주시고 지지해 주시는 우리 학부모님들… 이 책의 출간에 많은 도움준 법인의 홍승곽 차장, 김재성 부장에게 감사드린다. 끝으로 이 책의 공저자로서 많은 부분을 맡아서 집필해 주신 박하식 교장 선생님과 음양으로 도움 주신 김도훈 교감선생님께도 감사의 말씀을 전한다.

미래를 여는 교육

©박하식 임호순, 2019

초판 1쇄 발행 2019년 4월 5일

지은이 박하식 임호순
펴낸이 이경희

발행 글로세움
출판등록 제318-2003-00064호(2003.7.2)

주소 서울시 구로구 경인로 445
전화 02-323-3694
팩스 070-8620-0740
메일 editor@gloseum.com
홈페이지 www.gloseum.com

ISBN 979-11-86578-51-3 03370 (값 15,000원)